奇跡のコース
最初の5ステップ

A Course in Miracles 101

基本となるポイントを実践して
奇跡を生きる!

香咲弥須子

ナチュラルスピリット

この書について

『奇跡のコース』の学びは難解ではありません。

この書では、いちばんの基本となるポイントがわかりやすく説かれていきます。

『奇跡のコース』もしくは『A Course in Miracles（ACIM）』という名前を聞いたことはあるけれどよくわからないという方には、この書を是非お薦めします。

これからコースを学び始める決心をした方は、この書を通して、初めの一歩、コースの基礎をしっかり固めていくことができます。

すでに学んでいる方や長く学び続けている方にとっても、再度振り返りのできるとても貴重な機会となるでしょう。

つまり、この書を開くことは、どなたにとっても基礎を学ぶとてもいい機会になるのです。

コースの学習とは、机に向かってするものではありません。

姿勢を正してテキストを読んだり、目を閉じて座ってワークブックレッスンをしたりもしますが、コースを学ぶとは、真実の経験を重ねていくことです。経験に次ぐ経験です。何を経験しようとしているのかを理解し、そして毎日、日常生活に当てはめていくプラクティスです。

この書では、その最初のステップとなる五つの経験をご一緒します。

この五つの経験を元にしてコースのワークブックレッスンに戻ると、各レッスンが今まで以上に深く心に染み込み、気づきの経験をしやすくなるのではないかと思います。

目　次

奇跡のコース　最初の5ステップ　――基本となるポイントを実践して奇跡を生きる！

第一部　奇跡のコース101　最初の5ステップ（二〇二一年オンライン基礎クラスから）　25

Session 1

Session 2

Session 3

Session 4

Session 5

第二部　奇跡のコースを日常に落とし込む

（二〇一一年各地セミナーから）

心の力を使う

与えることは受け取ること

サンシップに明け渡す

＊1　『奇跡のコース』もしくは『A Course in Miracles（ACIM）』は、一九六五年十月二十一日ニューヨークコロンビア大学臨床心理学教授ヘレン・シャックマンが内なる声を聞き、書き取りを始めた、真の自己を生きるための独習書。書き取りは実に七年にも及び、一九七六年に『テキスト』『ワークブック』『教師のためのマニュアル』の三部作からなる初版が刊行され、その後、追加で書き取られた「心理（精神）療法」「祈りの歌」の付録二部を追加した英語版新版が二〇一〇年に刊行された。日本語版は二〇一〇年十一月に『奇跡のコース　第一巻／テキスト』（大内博訳、ナチュラルスピリット刊）が出版されている。

＊2　抜粋箇所に関する表記は、下記の通り。
テキスト　例　T-4-IV-2:2 = Text Chapter 4, Section IV , Paragraph 2, Sentence 2
ワークブック　例　W-361-5.1 = Workbook lesson 361, Paragraph 5, Sentence 1

＊3　『奇跡のコース』は、他に『奇跡講座』や『A Course in Miracles（ACIM）』といった名称でも親しまれているが、本書では『コース』で統一する。また、本書での和訳はすべて、著者自身によるものを使用している。

＊4　本書は、二〇二二年十月から十二月まで開催された、香咲弥須子オンラインコースＡＣＩＭ１０１（基礎クラス）の内容に加筆したものと、二〇一一年に東京、静岡、仙台で開催されたセミナーの内容の一部を、実践編への招待として併せて掲載した。また、各クラスの参加者からの質問とシェアから、一部を、大事なポイントとして紹介している。

まえがきにかえて
～『奇跡のコース』とは何か。そして、正しく、楽しく学ぶためには～

『A Course in Miracles』（邦題『奇跡のコース』『奇跡講座』。本書では『コース』）は、ニューヨークのコロンビア大学臨床心理学教授である、ヘレン・シャックマンが同僚のウィリアム・セットフォードの協力を得て、七年間を費やして聞き書きをしたイエス・キリストの教えです。臨床心理学のケネス・ワプニック博士、超心理学研究協会理事長のジュディス・スカッチがチームに加わったことで書籍として公になり、世界中に翻訳され広まりました。

初めは、カリフォルニア・ロサンゼルス校の図書館に持ち出し厳禁の文書として置かれていただけだったのが、各国の宗教学者、物理学者、医学博士、平和活動家たちの注目を浴び、草の根的に教えが広まっていきました。今でも、教会は存在しませんし、教祖はもちろん、いかなるヒエラルキーもありません。

現時点で大統領選に出馬中のマリアン・ウィリアムスン（代表的著書に『愛への帰還』太陽出版刊）も古くからのコースの学習者であり、かつ、コースの教師です。

彼女はコースを「スピリチュアリティを土台にした精神療法」と明解に述べています。


コースは、回り道のない、最短距離の、自己教育のためのカリキュラムです。それはまた、完全な自己治療のための、と言い換えられます。

治療というのは、心身どちらにも当てはまりますし、「治療」という言葉を「問題解決」と言い換えるなら、あらゆる種類の問題に当てはまります。


「自分は、今まで、これほど体系だったカリキュラムで自分自身について学んだことがあっただろうか？」

「自分は、今まで、これほどひとつの学習に没頭し続けたことがあっただろうか？」

三十数年前、コースに出会った時に私はそう思いました。ニューヨークにコースの学習センターを開き、各国に出向き教えてもきて、世界中の、数えきれないコース学習者と接してきましたが、彼らの多くが同じことを感じているようでした。

そして私は、今もなお、没頭し続けています。

「コースは難しい」と口にする人もいるし、途中で投げ出す人も大勢いますが、ほとんどが、いずれまた戻ってきます。そして生き生きと、粘り強く、成果を実感しながら、支え合って学び続けています。

私たちは皆、日常のさまざまな出来事や出会いを通して、自他の心理がどう作用するかを感じ、考えるし、自分の過去を振り返って内省するし、自分の弱さに打ち勝ちたいとも思うし、社会に適合できないという状態が発生すれば、何を変えられるか、どうすればいいか真剣に考えもします。

あるいは、もう少し落ち着いて、哲学や文学の書物を紐解いて、じっくり「人間とは何か」と、自分という存在を探求してきたかもしれません。

けれども、コースのように、体系だった明確なトレーニングによって、自己の観察力を養い、物事のありのままの姿を明晰な眼で眺める仕方を学ぶ機会は、他になかったと思うのです。

コースの学習は、自己との和解を目的として、曖昧模糊としたアイデンティティを、はっきりとしたものにし、その自己を自身の眼でしっかり目撃するプロセスです。

私たちはその体系を理解しなければなりませんし、同時に、理解したことを経験していかなければなりません。つまり、アタマも使うし、五感も、第六感も、もてるものすべてを全開にして臨む、実に爽快な学習なのです。自分を使い切る経験の連続というのでしょうか。

使い切る感覚の中には、それまでその存在に気づきもしなかった心の奥の、確信に満ちた揺るぎのない自己が、その力を発揮している、という、かつてなかった、満ち足りた、至福の感覚が含まれています。

それだけでも十分にやり甲斐やる気を失わずにすむ学習だと言えますが、その上に、ひとつ気づきを得るたび、それに呼応して新しい風景に遭遇するといううれしい成果までついてくるのです。投影が知覚を作るので、それは当然のことなのですが。

確かに、心が変われば見える世界も変わる。

しかし、見えているものを変えようとしても決してうまくいかない。

そのことが経験によって、確実な理解となります。

そしてそこにこそ、自分との和解、人生との和解があるということも、わかります。

自分はただ、ありのままの自分でいればよい。

ほんとうの自分、ずっとそうであった自分自身であればよい。

学んでいる間に、そのようにしみじみと受け止める時が訪れるのです。

すなわち、完璧な、神に創造されたままの自分が、今もここに在ることを喜べるのです。


今、「神」という言葉を出しましたが、真の自己を知るとは、神を知ることです。「神」は、「愛」という言葉に置き換えてもいいし、「スピリット（霊性）」と言ってもいいかもしれませんが、コースを長年学んできた今、人智を超えた秩序ある力を、経験を通して学ぶ以外、自己を知ることはできないと、思っています。より正確に言うならば、自身の心にある聖なる場所との、慈しみにあふれた優しい関係を見つけること、すなわち神との関係を取り戻すことだけが、和解、つまり癒しを経験できる、と。

〝神なしで〟ものを見る時、私たちは地上で蠢《うごめ》くものしか目に入らず、それらの動きに気を取られたまま、それらの地上の出来事をなんとかコントロールして自分を守っていこうとしますが、その限られた視野の中では、地上の混沌は続くばかりです。

その意味で、コースは、神のいない〝自己啓発〟の教科書ではありませんし、また、ここで言う「神」とは、宗教の中の「神」や「仏」とも、違うものです。つまり、いわゆる神学とも違っています。宗教ではなく、神学ではなく、哲学でもなく、また、ヒーリング・メソッドというようなものとも違っています。

死に向かって歩いている、あるいは、刻一刻と死が近づいてくる、という、唯一無二の真実に見えていたものが、いのちとはそのようなものではなかったと気づく時、すなわち、いのちとは、肉体とは別なところで、肉体とは関係なく存在し、制限のない力をもっているということを実感する時、いのちは、初めて、伸び伸びと発揮されるように思います。

いのちとは、もとより、気づくかどうかにまるで関係なく、永遠に誇り高く輝いているものです。でも、気づくなら、死の悪夢の中では見えなかった自身の本質を、その限りない力と美しさを、自分で目撃することができます。

それが、真のヒーリング経験です。

たとえそれがほんとうに些細なことに見えようと、一度でもそれを経験してしまうと、この学びから離れられなくなります。いつもその経験をしていたいと心から望むようになるからです。

ヒーリングとは、自らのいのちに気づくこと、それを目の当たりにすること、それだけのことなのです。

「コースは難しい」と感じる人や途中で投げ出す人もいる、と先に書きました。実を言えば、易々と学んでいるだけの学習者はほとんどいないのではないかと思っています。

その理由は、今まであまりにも真剣に、そして深刻に、〝神なしで〟何とか問題を乗り越えていくための方法を習得するべく努めてきたので、その癖をなかなか手放せないからです。

たとえば、私たちの人間関係は、すべて、「特別な関係」です。つまり、親子関係、夫婦関係、恋愛関係、上司と部下の関係というように、あらゆる関係は、〝特殊〟なのです。そして、特殊な関係の中では、常に取引が行われています。

「自分も相手のために心を砕く。相手にもその分のことを差し出してもらいたい」

「私があなたを選んだのだから、あなたにも私を選んでもらいたい」

そのような取引がうまくいっている時、その関係は、公平に見え、また、理想的に感じるかもしれませんが、バランスは、必ず崩れます。

けれども、神は、愛は、スピリットは、取引などしないのです。

いのちは、取引しなければならないようなケチな存在ではなく、常に、自らのすべてを差し出し、相手からのすべてを受け取っているものなのです。

取引しないでいいということを受け入れていくと、安心し、相手にほんとうに心を開くことができ、そしてそこで、神に、すなわち愛に触れられるのです。練習に次ぐ練習です。

その練習が始まれば、もう、投げ出すことはあり得ません。練習のたびに気づきと奇跡が経験できますから、猛然と楽しくなるからです。

私は、そのように生きられること、そして同じものを多くのフレンズと分かち合えることの幸せと感謝をずっと心に大事に抱いていたいと思っています。

フレンズ（friends）。単数系のフレンド（friend）は、古代ゲルマン語で「愛する」

「自由にする」という意味だそうです。（『American Heritage Dictionary』より）
コースの目的、学習プロセス、スタートラインは、地上のあらゆる人をフレンドとして迎え入れることと言っていいと思います。私自身は、それで自分を救ってきました。
そんなわけで、私はコースを共に学ぶすべての人を「フレンズ」と呼んでいます。

本書の第一部は、二〇二二年秋に五回にわたって行われたオンラインクラス〈ACIM101〉に少し手を加えたものです。クラスにおいては、図版を多用して学びましたが、本書では図版がない代わりに、説明を足してあります。

基礎的なテーマを扱っていますが、入門編ではありません。もちろん、ここから始めてくださっていいのですが（そうであればうれしいです）、本書が、コースのポイントをすべて押さえているとして、これを読めば大体のことはわかる、と考えることは難しいと思います。

コースは、繰り返しになりますが、読んでわかるものではなく、日々の心の使い方の練習と、癒しの経験の積み重ねが不可欠だからです。

また、ここで扱っている五回のクラスが、基礎として必ず通過しなければならないものだというわけでもありません。コースは、どんな切り口から入っても同じ学びになりますし、同じ結果を経験します。真実は、どこを切っても真実だからです。人生のどんな領域にも、そこで見つかる輝きは、常に自分自身だからです。

第二部では、二〇一一年に行ったセミナーの内容の一部をシェアしています。この年、東日本大震災が勃発しました。津波による大災害に続き、福島第一原子力発電所事故が起こり、十年以上経ってなお、傷跡の手当て、長い回復の道、終わりの見えない事後処理に途方に暮れている状況です。

その上、世界の変化の目まぐるしさは、年々、月々、いえ、日々加速し続け、人間が大事にし、宝物として愛してきたさまざまなものが崩壊していっています。もちろん、一方では、新しい善きものも数多く生まれ、古い凝り固まった概念を易々と超えていく清々しい経験も、大勢が共有しています。

でも、コースの学習者である私たちは、地上での変化を、「変化」とは見ません。どのように見える変化も、すべて、延々と続くパレードあるいは幕引きのないエゴのドラマに過ぎません。

私たちが見据えていたいのは、そのような変化ではなく、真の変容です。


大震災の翌日、私は東京・渋谷でセミナーを開催しました。交通機関の復旧半ばだったにも関わらず、大勢の皆さんが集まってくださり、どこに意識を向け、何を目指していけるのかを分かち合いました。その内容は、『奇跡のコース』を生きる実践書』(ナチュラルスピリット刊)として出版されています。コースの基本的な実践書として、長年、皆さんのお役に立ててきたかと思います。

同年、再度東京で、静岡で、そして仙台で同様のテーマでセミナーが開かれました。

心の力だけが変容を促すということ、豊かさは、追い求める代わりに自己の内側から掻き出すものだということ、そしてリーダーシップを発揮するとはどういうことかということを、それらについての分かち合いから一部を抜粋して、ここにお届けしたいと思います。

あの年、日本人である私たちの心に喚起された思い、変革への覚悟、それらは、いつでもあらためて思い出すべき力をもっていました。

初心に還る。つまりほんとうに、切実に願っていることにしっかり意識を結びつけ、気を散らさずに、自らのいのちの強さをこの地上で分かち合うことを、先延ばしにしても構わないと考える人は、もはやいないのではないでしょうか。

今、世界を見わたせば、「根本的なテーマは後でいい。まずは金（あるいは健康、学歴、就職など）でしょ」と、またしても回り道をしている猶予はないことは、一目瞭然です。

本書が、少しでも、コース学習の役に立てることを、心から願っています。

香咲弥須子

コースを始めるにあたって

これは奇跡についてのカリキュラムです。

これは必須科目です。

いつ学ぶかだけが、あなたの自由です。

自由意志とは、あなたが自分でカリキュラムを編《あ》めるという意味ではありません。

いつ何を受講したいかということを選べるだけです。

このコースは、愛の意味を教えることを目的としているのではありません。

愛の意味は教えられるものではないからです。

このコースは、愛の実在を自覚できなくしている障害を取り去ることを、目指しています。

愛の実在そのものは、あなたが元々、受け継ぎ、もっているものです。

愛の反対は恐れですが、すべてを包括するものに、反対のものなど存在しません。

よって、このコースは次のように要約できます。

実在するものは脅《おびや》かされることがありません。
実在しないものは存在しません。
ここに、神の平和があります。

これは、創造の源とのコミュニケーションを再建するためのメソッドとして保証されているものです。それはいつでも可能です。

これは、今すぐに、たったひとつの力、永遠のいのちという現実、すなわち、あなた自身にコンタクトを取ることへの招待です。

あなたは、存在の全体性、完璧さから、一度たりとも離れていなかったということを思い出してください。

恐れなければならないことなどなく、今までにもなかったことを思い出してください。
この旅が始まったなら、その終わりが確実に来ることを忘れないでいてください。

第一部

奇跡のコース101
最初の5ステップ

（2022年オンライン基礎クラスから）

Session 1

愛しか実在していません。そして、愛は、可視化できるものです。
実在するものだけを見て、
その他の知覚はどれも、自我の投影による幻想にすぎないと理解するならば。
自他の違いを見る代わりに、誰もが愛そのものだということを忘れないならば。
忘れるたびに思い出すならば。
そして、相手のハート（愛）だけを見るならば。

奇跡を受け取るための出発点

目を閉じてください。

クラスは毎回、心を鎮め、今日の学びを十全《じゅうぜん》に受け取るための祈りから始めます。

ホーリースピリット、私の心の中にあるものすべてを渡します。心の中に詰まっている思い、感情、過去の記憶、将来への懸念、さまざまな風景、これらのすべてを手放して、心の中にただ青空が広がって、そしてあなたの声を聞き届けることができるよう、助けてください。あなたの声に耳を澄ませます。

ありがとうございました。

ホーリースピリットの声を聞き、その導きに従う、それがコースの学びのプロセスです。ホーリースピリットというコンセプトは、コース学習において重要です。繰り返し登場するので少しずつ理解を深めてください。

今日から五回にわたって、基礎を振り返るということをやりますけれども、長年、一緒に勉強なさってくださっている方々にとってはこの話はもう何回も聞いたかもしれないですね。

もし、もう何度も聞いたからわかっているとしたら、もしかしたらそれは、ちゃんと学んでいなかった証拠かもしれません。同じことを聞いているのに初めて聞いたような感じがするとか、新しい新鮮な響きがあるとか、そのように感じたのならば、その間ほんとうに着実に学びを深めていたという証拠かもしれません。

何故ならば、学びというのは、一瞬、一瞬、心の窓が開いて気づいていくということの連続だからです。

ですから今日も、長い学習者の先輩の皆さんも初めての方も同じようにして新たな気持ちで学んでくださることを願っています。

コースを学ぶということは、学び方を習得していく、そして学びのスピードがアップしていく、つまり、気づき、奇跡が連続して起こるようになる、ますます学びが楽しくなる、というプロセスなのです。

奇跡に難しさの序列はありません。

(T-I-I-1)

コースの最も基本的なことはこれです。テキストの第一章第一節第一段落に、まず、このことが述べられています。これがわからないと、奇跡は経験できません。何故かというと、「奇跡に難しさの序列がない」ということがわからなければ、大きな奇跡は受け取れなくなるからです。

もしかしたら、今歯が痛いのは治るかもしれない。ホーリースピリットに頼むと痛みが消えるかもしれないけれど、末期癌をホーリースピリットに頼んだところで治るとは思えない。そういうふうに自分で決めてしまいますね。

ですから、奇跡というのは全部同じだということを学んでいかなければ、奇跡というのを受け取り始めることはできません。「奇跡に難しさの序列がない」ということを学ぶということは、すなわち「問題解決に難しさの序列はありません」ということなんですね。とは言っても、末期癌を治すことが奇跡というわけではないのですね。そのことは徐々にわかってきます。何がどうなれば奇跡なのか、それは、まず最初に、「奇跡に難易度はない」ということから始めて、理解し、経験できるようにカリキュラムが組まれているのがコースですから、落ち着いて読み進めてください。

難しい問題と、簡単な問題の区別はありません。怒りにも、殺意を抱くほどの怒りと、ただイラッとする怒りに違いがあると思っているうちは問題の解決の経験が始まりません。ちょっとした苛立ちも、殺意を抱くほどの怒りも、同じ怒りです。

それから、うっすらとした不安と、もう夜も眠れないほどの不安も、同じ不安です。「自分ってほんとうに駄目だ、人生の落ちこぼれだ」。それほどに打ちのめされることと、「ちょっとまだ自信がないな」っていう自信のなさ、これは同じことです。何かが自分に欠けているという思いに変わりはないのです。あらゆる人生の問題は全部、同じです。

そして、それが奇跡によってひっくり返って解決します。難しさに序列がないということはつまり、「難しくない」ということです。すべては難しくない。これを受け入れていくのがまず出発点です。出発点だからテキストのいちばん最初に述べられているわけです。

この学びというのは出発点ですが、出発点というのは同時に目的地でもあります。始まりと終わりは同じなので、学んでいくうちに何がほんとうに深々と心の中に舞い降りてくるのかというと、確かに問題には種類はないということ。どんな問題も怖がる必要はないということ。

そしてどんなことも奇跡によってのみ解決するし、こういう奇跡は難しくて、こういう奇跡はわりとたやすく来るということでもない、すべての奇跡は来る、ということを経験していくのですよね。これが始まりであって、これが最後です。

コースの学びというのは、「奇跡に難しさの序列がない」という前提から出発し、この前提を日々経験し続けて、そしてやがて確かにそうだとあらためて確信するということなのですね。

「奇跡に難しさの序列はありません」

この一文を何度も思い出してください。経験できようが、なんだかよくわからないなと思おうが、この一文はいつも思い出してください。

そして、「問題解決に難しさの序列はありません」という文章は、そのままには記されていませんが、同じことなのでペアにして覚えておいてください。

私たち人間は愛を求めている存在

「私たち人間というのは愛を求めている存在」。そういうふうに言わせてくださいね。何故、人間をこのように定義するかというと、愛というのは私たちの人智を超えたものだからです。

私たちの人智を超えたものを「神」と呼び、「愛」と呼び、「大いなるワンネス」と呼び、あるいは「神の王国」と呼び、また、シンプルに「霊性」と言ってもいいかもしれません。「ホーリースピリット」もそうです。「キリスト」もそうです。

これら全部、人智を超えています。だから、私たちは愛とは何かを知ることができません。愛とは何かを把握したり、愛とは何なのかを論じたり、そういうことはできません。

でも、愛に触れることはできます。愛のしるしを受け取ることはできます。自分が愛の中に存在していて、自分もまた愛の一部であって、そしてまわりにいる人々も愛の一部です。

私たちは、愛の色に染まる経験はできるのです。

私たちは皆、愛を求めていますよね。愛の色に染まりたいと願っている。「自分はそんなこと求めていない」と言い張っても、愛の欠如を感じると、私たちは悲しくなり、怒りが湧き、不平不満、恨みつらみが言動に現れるものです。自分は愛せる、自分は愛される、という安心感は誰もが欲しいものではないですか。コール・フォー・ラブ(Call for love) しているのですね。

どうでしょうか。違和感がありますか。

愛を求めると言う代わりに、ほんとうの自己を知りたいと言ってもいいのです。同じことです。

「愛を求めている」というのはどういうことかというと、「愛のしるしがほしいと言っている」ということです。

「愛だ、愛だとそれほどに言うのだったら見せてみろ」という、そういうふうに威張って言うのではなく、「愛の中にいる」、そのことを受け入れたいです。

でもわからないのですよね。何故ならば、私というのは今、ものすごく孤独を感じているからです。愛に触れているとはとても言えません。あるいはここに、目の前に大事な人が苦しんでいます。とても大事なこの人が、愛に包まれ、愛に救われているとは思えません。そして、それを見ている私も無力感にさいなまれていて、私もまた愛に助けられているとは、とても思えません。

「私たちが愛のしるしに気づけるよう、助けてください」。そういう気持ちが私たちの中にある。そのこともぜひ覚えていてください。

「真実の自分は愛そのもの、完璧で全知全能である、ということが確かにほんとうならば、それを目撃したい」という思いがある。その思いを認めましょう。


自分が無力感にさいなまれている時、そして自分が苦しみや痛みを見て、「神よ、何故これほどわれわれを苦しめるのですか」と思った時には、「自分はこれほどまでに愛のしるしを求めているのだ」と思い出すようにしてみましょう。

愛のしるしがほしいということは恥ずかしいことではありません。私たちは人間なので人智を超えたものがわかりません。「しるしを見せてください」と願ってしまうのは自然なことです。

そして、願えば、それは受けとめられ、叶えられるのですね。誰もが愛のしるしをほしがっている。だから、いろいろ難癖をつけて怒りわめいている人だけが、コール・フォー・ラブしているわけではありません。また、「この人がコール・フォー・ラブしているから、愛を与えに行かなくちゃ」というようには、私たちは愛を与えられません。でも、私たちがほんとうに愛のしるしを求めているということを、思い出すことはできます。それを思い出せば、「愛のしるしを見せてください。愛のしるしを私たちが見逃さないように助けてください」と願うことができます。そしてそのように願うなら、それは叶えられます。

この、愛のしるしを見るということが、奇跡です。奇跡というのは愛のしるしを見ることです。しるしを見たいと望んでいれば見ることができますが、他のものを探していれば見ることはできません。ここが重要です。他のものを探している、その目には愛のしるしは見えません。

苦しい時は愛がほんとうにほしいのだと、愛のしるしがほしいということに意識を集中してください。「私には何がいるの？」「どうすればいいの？」「どこに行けばいいの？」と、どんどんずれていく代わりに、「今こそ、愛のしるしを見たいです」と祈ってください。

「奇跡こそ自分には必要だ」ということをほんとうに気づく学びが、奇跡を起こします。そして、それに気づいた人にだけ、奇跡は訪れるのですね。

エゴのねじれた目ではなく、愛の目で見る

ご自分のまわりに大きな球体があると想像してみてください。自分の意識は、その真ん中にあります。球体の表面裏側に、人生風景のすべてが映っています。ちょうどプラネタリウムで星々を眺めるように、全方向に風景が連なるのを見わたすことができます。大勢の人々がいて、社会があり、自然があり、さまざまな環境があって、出来事が起こっている。そういう風景が見えています。

すべては、このように、心の中にあります。この場合、この心は、エゴのことです。私たちの〝自分の〟思い、〝自分の〟人生、もしくは私たちは〝自分の〟世界を見てい

る。こうした〝自分の〟というのは自意識を指します。これがエゴです。

エゴには思いがいっぱい詰まっています。自分のねじれた思いです。ねじれた思いとは、過去の記憶、それから「自分は足りない」という思い、罪悪感、それから恐れとか、いろいろありますよね。そんな思いが詰まったエゴで風景を見ています。

だから、私たちは何ひとつ、まっすぐには見ていないのです。何を見るにしても自分の感情を通して見ているし、自分の欲望を通して見ているし、自分の思いで見ています。そしてこのエゴの中には罪悪感や、「自分は足りない」という信念や、過去の記憶の痛みがあり、そういうものを通して、すべてのものを見ています。まっすぐに、ありのままに見ているものは、ひとつもないのですね。必ず、こっちでいこうかな、あっちのほうがいいかなと、複雑に絡まり合った思いを通してあらゆる風景を見ています。

エゴは自分の見たいようにものを見せるので、私たち一人ひとり、見たいような人生を見ています。「見たいような人生を見ているわりには、嫌なことばかり見ているな」。でも、それがエゴの目的なのですね。

エゴは私たちに嫌なことを見せます。何故ならば、エゴは私たちに愛のしるしを見せたくないのです。エゴは、私たちに人智を超えた愛のしるしを受け取ってほしくない。だから私たちに足りなさとか、「愛なんかない」という思い、それらを心に刻みつける経験を積み上げさせようとしています。でも、そのエゴの心の奥のほうに、実は人智を超えた愛があるのですね。人智を超えて愛に包まれて、私たちは存在しているけれども、私たちの中にも人智を超えた愛があるのです。

これが私たちのスピリットの部分であり、正気の部分であり、ホーリースピリットのいる場所でもあるわけです。聖なる場所です。


ここの「部分」というのは、人智を超えた神の英知と同じもの、同じ賢さ、それから神の愛と同じ愛です。あらゆる感情を超えた愛の場所です。

このあらゆる人生風景を、いつものエゴの心ではなく人智を超えた愛の部分から見れば、今まで見ていた風景ががらりと変わって見えるのは当然です。

愛は、目に見えないものであるけれども、目撃することは可能です。心の中に愛の源があります。ここからものを見れば、エゴのねじれた目ではなく愛の目で物事を見れば、人々も、社会も、自然も、あらゆるものが今までとは違って見えます。何故ならば、それを、愛を映し出している姿として見えるからです。これが奇跡ですね。


私たちは、神というひとつの心の中にいます。神＝ひとつの心＝愛＝平和です。ひとつしか存在していないので、敵対するもの、対抗するもの、分かたれるものがないのですね。どこまでも平和です。
敵対する思いがないから、愛なのです。愛というのは敵対するものがないもののことであって、だから、どこまでも平和なものなのですね。また、悲しみがないので、どこまでも喜びなのです。比較がない状態です。これが愛です。そして、これが神です。それ全部、愛なのです。

愛だけが癒します。愛だけが、目覚めの力です。

「私とあなた」

私たち人間がどんな勘違いを起こしたかというと、神の心しかない場所に身体を作って、「私とあなた」という別々の存在を見るようになったことです。「私とあなた」などという、別々の存在はいないのです。ただひとつの心だけが存在しているのに、私たちはエゴにより勘違いをして、「私はここにいる、あなたはそこにいる」というふうに分けました。そして、「私とあなたは違う」ということを決めました。これがエゴによって起きた間違いです。

この間違いを私たちがしたと同時に、神は、ホーリースピリットを私たちに送ってくださいました。ホーリースピリットは、この勘違いと同時に生まれたのです。この「生まれた」とか「送ってくださった」とか、どうしても物語のような語り口になってしまうのだけど、聞いていてくださいね。

私たちが、この「私とあなた」という勘違いをしたと同時に、ホーリースピリットが私たちのもとに送られてきました。ホーリースピリットは、私の心の中に送られ、あなたの心の中にも送られてきました。あらゆるところに送られてきました。

ですから、私たちは、どんなに自分はこの身体の中に閉じ込められている孤独な存在だと思い込んでいても、心の中にホーリースピリットはいるのです。そして、「あなたなんか大嫌い」と言っても、その大嫌いなその人の中には神聖で清らかな、愛のホーリースピリットがいるのですね。

さらに、神は私たちの勘違いに対してホーリースピリットを送っただけでなく、勘違いをしている私たちを祝福なさった。神は私たちの勘違いに対して、ホーリースピリットを送ってくださった。そして私たちのこの痛々しい勘違いを祝福なさった。それによって、ホーリースピリットが私たちをあらゆる方法で救ってくれることができるようになったのです。これがホーリースピリットです。そしてこれが、私たちの成り立ちです。私たちの置かれている状況です。

ホーリースピリットは、聖書にも登場していますが、コースにおいて、それは、愛の象徴であり愛の具現です。人智を超えた愛を、ヒトである私たちも経験することができます。愛の優しさ、丁寧さ、親切さ、慈しみの深さ、賢さ……あらゆるものを一瞬にしてシンクロニシティにして見せる力、ほんの僅かでも、私たちが奇跡を求める気持ちを受け入れる時、もうその瞬間に、その意欲を察知して奇跡を送ってくれる、時間を超えた敏速さ等々。私たちはホーリースピリットを通して、愛を、自己を、思い出していきます。

言い方を変えれば、ホーリースピリットこそ、自分自身です。あなたです。私です。私たちは長い間、エゴの声だけを聞いてそれが自分だと思い込んできたので、これからは、意識して、ホーリースピリットの声を聞く。練習に次ぐ練習をしていきたいですね。ホーリースピリットとは、私たち全員がもっている真実の心です。間違いを犯しようのない、完全無欠、全知全能の心のことです。自分自身のほんとうの声なのだから、聞こえないわけはないのです。声と言っても、両耳に届く発声音とは限りません。五感や第六感を通じて、感覚に染み込んでくるもの、それがホーリースピリットからの語り掛けであることも多いです。練習あるのみ。徐々にホーリースピリットと自分自身が重なってきます。見るものすべて、ホーリースピリットが見せてくれる風景になり、自分の言動もホーリースピリットそのものになる、という経験も起きてきます。

物語風を止めるなら、このようにも言えます。

愛しかない愛の王国で私たちは、自分、あなた、あなたたち、というバラバラのものを見ることを決め、それを信じました。それでも、そのバラバラに見える個々のなかにも、愛があります。愛だけがあります。愛の中に在るものはすべて、エゴがどう見ようとも、愛だけです。

神の心を愛と呼ぶなら、愛は叡智でもあり、喜び、安定、安全、穏やかさでもあると言えます。それら全部が、ひとつの神の心です。

私たちも、神の心の一部です。身体や個性、個人史……私とあなたで違って見えているのは、全部エゴの色眼鏡で見ている勘違い、妄想です。身体を見ている時、私たちは違いを見ています。他人、自分とは異なった存在が自分を取り巻いている、と感じます。あらゆる恐怖心、恥の感覚、痛み、緊張、非難、欠落感、孤独感、後悔、心配、悲しみ、恨み、罪悪感、弱さ、不完全さといったものが心の中に渦巻く時、私たちは、ひとつの神の心を忘れ、分離という勘違いの世界を想像しているのです。

この「勘違い」というのはどこまでも勘違いで、間違った認識による違いや身体、こういうものはどこまでいっても存在しません。これは勘違いしている自分の夢の中のことです。でも夢を見ている自分は、もう既に祝福されているので、この夢がほんとうの現実。神やホーリースピリットが実在を壊したり変えたりすることは、一切ありません。

二つの思考体系

神の心、すなわち愛には、愛の思考体系があります。愛の考え方があります。愛という思いの性質があり、動き方があり、広がり方があり、それから確固とした意志というものがあります。

そして、エゴにも、勘違いであるにも関わらず、完全な思考体系があります。「完全な」というのは、エゴの思考体系の中に、怒りや悲しみ、不安、避難、批判、差別、区別、優越感、劣等感、特別感、自己重量感（自分こそ有能だと思い込むこと。裏返して劣等感が裏に貼りついています）……まだまだ挙げられると思いますけれども、こういうものがエゴの中にあって、うまく完結しています。理にかなっているように思えてしまう。ちゃんとぐるぐる回るようになっています。誰かに対して怒りを覚えますよね。ムカッとしている間に、だんだん悲しくなってきます。悲しくなってきたら、今度は悲しんでばかりじゃいられないと思って、いろんなことが心配になってきたりしますね。

それから、「あの時自分がこうしていたらこうはならなかったかも」と、後悔が出てきたりして。こういう経験をしている自分を恥ずかしく思ったり、自分は駄目だと思ったり、罪悪感にさいなまれて、今度は相手に対する怒りじゃなくて、自分自信に対する怒りでいっぱいになったりします。そうすると、精神が不安定になって、今度は将来やあらゆることに対して、ものすごく不安になってきます。社会に対しても、いろんなものに対しても非難したくなってきます。自分の過去に対しても、子ども時代に対しても、何から何まで非難したくなってきます。

そこからさらに、嘆き悲しみ、何を見ても批判的になり、それから自分よりも不幸な人はいないかときょろきょろして差別したり、いろいろ区別したり。

そして、時々、優越感を感じたかと思えば、劣等感に陥るとか。誰か自分のことを大事にしてくれる人がそばにいれば、特別感を少し感じられるかもしれない。ちょっと高級なレストランでいいお客さまになれば、特別感を感じられるかもしれない。それで、何かちょっと仕事でいいことをすれば自己重量感をもてる、などとぐるぐる巡っていると、どこかで邪魔が入って、または急に思い出して怒りに戻ってくる、みたいな。このように完結しているのですね。

完結しているから、いつも自分はこの中をぐるぐる回っているだけだということに気づかない。怒りの中にいる時は、早くこの優越感にいかないかな、早く特別感や自己肯定感にいきたいな、みたいにね。そしてちょっと幸せで絶頂になっていると、またエゴの思考体系で振り出しに戻るみたいな。

そういうふうにできているのです。このエゴの思考体系というのは、論理的に見えて、実はまやかしなのです。

一方、スピリットの思考体系は、あらゆるものを、ひとつと見ています。分離を見ません。敵対するものがないので、あらゆるここにある実在は増えていくだけ、あるいは伸びていくだけです。

そして新しいものに出会ったように知覚したら、それはあっという間につながってひとつに戻ります。例外ができません。

たとえば、白い羊の群れに、黒い羊が来る。「黒い羊だ」と思ったら、次の瞬間には黒い羊という区別がなくなって、全部が同じ愛の思いの中に入ります。そのように思考体系は作用します。

すべてが同じで、誰もが対等なのですね。何かひとつの経験をしても、それはひとつの特定の特別な経験ではなく、全員のもの。全員にとっての神の経験というふうに捉えられます。

「この経験は、今日たまたま運が良かったからだ」という経験ではなく、「あ、これがほんとうなんだ」という一般化された、普遍化された、確信のある経験になります。これがスピリットの思考体系の動き方です。

コースで学ぶことは、今までエゴの思考体系にいた自分が、スピリットの思考体系でものを考え、見られるようにするということです。

じゃあ、どうしたらエゴの思考体系からスピリットの思考体系へ移れるのか。私たちの人間の心は、いわゆるエゴの心です。ヒトというのはエゴのことです。ヒトである私たちが、ヒトとして、自分の力でスピリットに移行することはできません。

だから、自分がもっている人間のものの見方、「これは全部エゴだ」という幻想のものの見方は「これは自分の独りよがりだった」ということを受け入れる。「実在とはまったく関係なかった」「完全に自分の夢の世界だった」「自分で作った物語だった」ということを受け入れる。これがゆるしです。

「全部自分が作った物語だった」ということを受け入れたいとは思う。そんなふうにゆるしたいとは思うけれども、エゴを完全に手放すことができるのか？　人間には無理です。秩序だった愛を知らない人間には無理なのです。

ですから、「ゆるしたい」と願うことは、私たちに人間ができる唯一の良きことで、そしてそれを願った時に、ホーリースピリットがその願いを聞き届けて、私たちをこちら側、つまり正しい知覚の方に連れて行ってくれます。

そして、ホーリースピリットに従っていくと、あらゆるものが違って見えて、今まで嘆きだった場所、今まで自分が批判していた場所、自分が怒っていた場所、自分が責めていた場所、自分が隠していた場所、それから、足りなさの象徴として見ていた場所。

そういう場所がまったく風景を変えて姿を現すのですね。新しい姿を見せてくれます。これが、コースの土台、コースの練習のプロセスで私たちが経験を積み重ねていくことです。

私たちは違いを見た。ここにほんとうは愛しかないのに、愛以外のものを見始めた。そして愛以外のものだけが肉眼で見えることになり、愛はまったく見えないものになってしまった。

そして、身体しか見ない二人が近づき、愛を求め合うのだけども、愛は見えない。何故ならば、違う二人という前提から歩み寄っても愛にはならないのですね。前提を変えなければ、愛は現れないわけです。

「二人は別々の身体をもった別々の存在」という前提があるので、この二人が何をどう努力しても、愛は現れない。ロマンスは生まれるでしょう。情熱も生まれるでしょう。そして、それは消えていくでしょう。そんな感じですね。

この違っている二人が何をしようと、愛にはならない。だけど、この、勘違いにはまり、もうどうしようもなくなってしまった私たちに対して、神はホーリースピリットを直ちに使者として送ってきました。

その送り先は、私たちそれぞれの心の中です。そして、ホーリースピリットというのは、愛を見せてくれる存在です。だから、私たちには見えてなくても、私たちの中心には愛があります。

私の中にあるこの愛と、あなたの中にある愛と、二人の間にある愛。私たちはどうしてもこの愛が見えず、この愛のまわりを覆ってしまっている身体しか見えてないのだけれども、「どうぞ私たちが愛を目撃できるように助けてください」というふうに私たちが心を向ければ、ホーリースピリットは二人に愛のしるしを送ってくれます。

エゴ、自我、自意識

今、ご質問をいただきました。「エゴ」というのは、はい、自我のことです。

日本語で「エゴイスト」と言った場合、利己的な人、ジコチュウ、自分のことばかりで人に対する思いやりを示さない嫌な奴、のような感じかもしれないですけれど、コースで言うエゴとは、自我を指す英語です。また、自我とはそのまま、自意識のことです。コースではそのように使われています。

「自意識」とは何かというと、自分という身体が象徴している、個体としての自分という意識です。自分は人間である。いち個人である。自分は他人とは違った人生を生きている。自分だけの歴史、心の歴史、紆余曲折があり、それらの全貌は、自分以外に誰ひとり把握できる人はいない。さらには、身体が自分という存在の生命の在り処なので、人生の大きな部分を身体に頼っています。

たとえば赤い薔薇があるとします。それを「ありのまま」以外にどうやって見るんだと思うかもしれないけど、でも、「ありのまま」に見てないですよね。

愛しか存在していないから、愛は愛であれるのに、愛の他にも赤い薔薇は存在する、などということがあるわけがありません。

それは赤い薔薇ではありません。そのように見えているだけです。そしてそのように見ると決めたのは自分のエゴです。

エゴは、自分はここにいる、目の前に薔薇がある、そして……と、愛でしかないものを細切れにし、仕分けし、すべてを分離し孤立させます。

何もかも、「ありのまま」に見ていない。なので、私たちの学びというのはそこから出て、スピリットの思考体系でものを見る練習なのです。スピリットの思考体系でものを見る練習というのは、すなわち愛のしるしを目撃していくことだけなのです。いたってシンプルです。

シンプルと言われても……何をしたらいいのだろう、と思うかもしれませんね。

私たちはスピリットの愛からまっすぐにものを見ることができるのに、エゴのさまざまな思いで、それを遮ってしまっている。だから、深い霧のようになってしまっている、そのさまざまな思いを、霧が晴れるように全部手放して取り除いていってもらわなくちゃいけない。そうすると、愛への光がすっとまっすぐに、前に届くわけですよね。

霧を晴らして、そして、神から自分の心の奥にいただいたホーリースピリットの、その実在の愛の部分というものを自分で実感する。そこに触れるには、それがそこにあるというしるしを受け取るには、やっぱりそこだけに耳を澄ましていることが、とっても大事になってきます。

最初に言ったように、ほんとうに自分に必要なのは奇跡だということ。愛のしるしだということを覚えていること。

覚えていれば、それを探しますよね。それを待ちますよね。それを待ち望むし、そこに耳をそばだてるし、そこに目を凝らします。忘れると絶対違うところに走り出してしまいます。

「もっとクリスタルを買わないと」とか「もっと瞑想しなきゃいけないのか」とか思うかもしれないし、他に何か違うこと、とんちんかんなことを考えてしまうかもしれない。

でも、私たちは、この自分の心の中にあるもののうち、ほんとうの声だけを聞こうとすることができるのです。「一日に朝五分間だけほんとうの声を聞こう」などと決めてもうまくいきません。求めているものは、一日五分間などと言わず、二十四時間意識を向けていましょう。いつもこの声に尋ねる。インターネットで誰が何と言っているかな？　とか、SNSで誰々さんが何と言っているかな？　と、人の声を聞くのではなく、自分の中のホーリースピリットの声を聞く。自分の声だけを聞く。

「この声を聞きましょう」ということは、「この声だけを聞きましょう」ということ。そしてそれは、外側をキョロキョロする代わりに、視線をくるりとひっくり返して内側だけを見るということです。「○○さんが自分勝手で迷惑している。どうにかしてほしい」と、その人のことをあれこれ考える代わりに、「自分の中に怒りの声が上がっているな。自分の無力に打ちひしがれているな」と、自分の心を眺めわたしていると、渦巻く感情を慈しみをもって見ている視線が現れてきます。それがホーリースピリットです。この視線と共に外側を見るならば、何を見聞きしても、ホーリースピリットが、「それをどう見たらいいか」を、実際に見せてくれることによって、教えてくれるのです。私たちは、もはや、自分で判断する必要がありません。ホーリースピリットが唯一無二のほんとうの姿、真の意味を判断し、見せてくれます。その時、私たちは、初めて、揺るぎのない、明晰な眼を自分のものとすることができます。

ホーリースピリットの声を聴く場所へ

では、どうやったら、これが自分のエゴの解釈ではなくホーリースピリットの導きだということがわかるのでしょうか。

そういう問いにぶつかるかもしれないけど、これは練習ですね。答えは自分でわかっているはずなのです。

だから、それをほんとうに聞き続けることだけが、確信をもたらします。そこに耳を澄まし続けるということをまずはやってみましょう。

あらゆる事柄をただひとつのドアと見る。これはどういうことかっていうと、どんな出来事が目の前にあっても、どんな難題が現れたと思っても、「これは愛の声を聞くためのチャンスが来たということだな」と捉える。

どんな難題も、ちょっとした小さなことも、「こんなことはホーリースピリットに聞くまでもないわ。自分で考えよう」とか「こんな問題はホーリースピリットに聞いてもわからないだろう」と思わないで、どんなことも、これはホーリースピリットの声を聞くためのドアなのだと捉えることができます。

「問題」じゃなくて「ドア」。

「どうしよう、どうやって解決しよう」じゃなくて、「これはドアだった」と思い出しましょう。


そのドアの向こうから、ホーリースピリットの声が聞こえてきます。隣の部屋です。そこにスピリットの思考体系があるのです。

だから、「ホーリースピリットはスポーツのことも知っているのかしら？　これについても聞いていいのかしら？」とちょっと迷いました」という面白いシェアがありましたが、スポーツであろうが、どんな専門的なことであろうが、これはその声を聞くためのドアなのだということです。

何もない平穏な日々の中で、その愛の声を聞こうと思い続けることは難しい。でも、何かを自分で選ばなきゃいけない局面が訪れたり、何か問題が起こったりした時に、私たちは思い出せる。

「ありがとう、またひとつドアが来ました」。そうしたらドアを開けて、ホーリースピリットがいる部屋に入ればいいわけです。そのような習慣ができてくると、どんな問題にも怖気づかなくなります。

あらゆる問題は、単に、注意を引くためのサインだと捉えましょう。「ほらここに、ドアがありますよ」というサインです。自分の部屋で自分で曖昧な判断を下そうと頑張る代わりに、ドアを開けて、隣の、ホーリースピリットがいる部屋に行きましょう。

あるいはまた、「この問題が抜け穴だった」と考えて、エゴの中で悶々としているところに、その穴の向こうから、新鮮な、透明な光が差し込んで、ホーリースピリットの気配、愛の声が届くのを受け取りましょう。

そして、どの問題にも大小の差を見なくなっていくと、だんだん、奇跡も全部同じだということを、いつの間にか受け入れられるようになっています。

何か大きな変化が起きても、泡を吹いてひっくり返ったりしなくてすむのです。ホーリースピリットは、そのように驚かせることはありませんから。その人が受け止めるだけの奇跡を見せてくれるのが、ホーリースピリットだから。愛っていうのは優しいから。愛っていうのは脅かさない。「いいんだよ」と見守ってくれるのがホーリースピリットです。


奇跡に難易度はありません。問題にも難易度はありません。

そして私たち人間は、いつも、愛のしるしを求めている。

「私が愛であり、愛の中にいて、すべてが愛だということがほんとうならば、その、ほんとうだということを私は理解したいです。それを目撃させてください。愛の思いを、あなたの声を聞かせてください」。

そのように心をぐっと向けてみましょう。それだけでどんな風景が見えるか、一緒に経験していきませんか。ありがとう。

Session 2

相手のハート（スピリット）を見るということは、
二人共が愛の恵みの中にいる、と思い出すこと。
二人の関係が、ホーリースピリット（愛の象徴）の
守りと導きの元にあると思い出すこと。
愛する相手に、安心を与えてあげましょう。
そのようにして自分自身も安心しましょう。
「真に助けとなる存在でいる」ために。

問題解決に難しさの序列はない

目を閉じたまま、心の内のホーリースピリットにお願いをしましょう。

この時間をどんなふうに使いたいですか。何に触れたいですか。どんな気づきが欲しいでしょうか。ホーリースピリットに助けてくれるようお願いしてください。あるいは、この時間、自分が何に気づくのか、この時間が自分にとってどんな意味をもつことになるのか皆目わからないということもあるかもしれません。その場合はホーリースピリットに、「私にはわかりません。でも私が今、受け取るべきものを受け取れるよう助けてください。私が今受け取っているものを私が見逃さずに気づけるよう助けてください」とお願いしてください。

前回もありがとうございました。そして、いつものように心のこもったご感想やご質問、お便り、どうもありがとうございました。私は何度も目を通させていただきました。私自身とても気づきをいただいたし、それからいくつもご質問をもらいましたけれども、答えは今日のクラスでも、あるいは他の質問でも答えは交じっているので、気づいていただきたいなと思います。

それから、これはどうなの？　あれはどうなの？　と、どんどん気がはやっていくことがあるかもしれませんけれども、「わからないな」と思いながら、わからないまま心にとどめておくということも、ひとつの学びであり面白さなので、あまり急がずにやっていってくださいね。エゴは常に、「今すぐわかりたい！」と気を逸らせます。私たちは「今、自分は何も知らない。何もわからない。きっと後でわかるでしょう」と信頼します。信頼し委ねていきましょう。今日もよろしくお願いします。

早速、始めますね。

前回は、**奇跡に難易度はありません**。（**T-1-I-1**）というテキストの最初のところでした。これは、「問題解決に難しさの序列はありません」ということでした。だから、どんな問題も「これはひどいことが起こった」とか、「これは簡単だ」とか、そういうジャッジをする代わりに、あらゆる事柄をそのまま見る。あるいはスマイルマーク。絵文字というよりも、ステッカーのスマイルマークと思って。どんな問題でもスマイルマークをぺたっと貼って、「あ、ここからホーリースピリットの声が聞こえる。出会いに行くんだ。これはそのドアなんだ」ということをいつも思い出すようにしましょう、と話しました。

そしてホーリースピリットの声を聞く場所というのは、心の内側にある。その場所についてまだよくわかっていない、よく感じられていないけれども、そこにその場所があって、そこに行くとその声が聞けるんだということを覚えておきましょう。そして声を聞かせてほしい。その声にだけ耳をそばだてていたいという気持ちをもっていると、どんどんホーリースピリットの声は近づいてきますよということでした。

心の内側のホーリースピリットに耳を澄ますということをやりましょう。そのために他をキョロキョロするのはやめましょう。「この人、何て言っているかな」「これはどうなのかな」って、あっちこっちに気を散らす代わりに、内なる声をとにかく信頼するという信頼性を育てていきましょうということでした。

二週間やってみて、「もう声が聞こえるようになって大変でした」という方はいらっしゃらないんじゃないかと思います。そんなにガンガン声が響いてくるような、そんな騒がしいところじゃないのでね。ホーリースピリットは全然、騒がしくない。静かです。声は、静寂の中で聞こえるものなのです。

最初は声に耳を澄ましていると、そこにあったのは静けさだけ。何も聞こえない。答えが聞こえない。答えは聞こえないけども、ものすごく静か。その静けさを感じていることが、だんだん自分の心を穏やかにしてくれるような感じがする。静けさっていうのはほんとうに平和の声なんだなというふうに感じてくる。

そうすると、その静けさそのものが何かを伝えてくる。何かをそこから感じる。もしかしたら泣けてくるかもしれないし、もしかしたらいつの間にかほほ笑んでいるかもしれないし。何かがそこから伝わってくる、そんなふうに聞こえるものかもしれない。どんなふうに聞こえるのかということをあらかじめ知っておいて、そのように聞こうと思うと遠回りになるので、とにかく聞いてみる。そしてそれぞれの道を通って、何かを感じていただきたいなと思っています。

ホーリースピリットの声を聞く

ホーリースピリットの声の聞き方を含めて、コースの学習の進め方はまずスタート地点に立って、そして学びのプロセスがあって、そしてゴールに行きます。この学びの特徴というのは、スタート地点に立っている時の状態と、学んでいる最中の状態と、これがゴールかっていうその状態。これら全部、同じであるということ。それがこの学びの特徴というか、ほんとうの学びというのはこういうものだということです。

今、自分には喜びがない。苦しさばっかり。苦しいのに苦しい自分が学んでいるうちに喜びに変わる。そんなことはありません。今、喜びがあるから一年後も喜ぶ。そして今、喜びがあるから、学びの最中、ずっと喜びと共に学ぶ。

そして今、奇跡があるから、学べば学ぶほどその奇跡が増えていくし、そして目的地でも奇跡が待っている。そして今、学んでいる目的と、学んでいる最中に心に抱く目的と、それから最終地点にいる時の目的というのも同じはずです。今もっているものと学んだ後のものが違うということはないのですね。

今、喜びと共に学びをスタートさせて、そしてその学びのプロセスをほんとうに喜びと共に歩んでいけば、この喜びは増す一方です。そしてこの学んでいる最中に、いくつもの奇跡を経験していって、そうすればその奇跡の経験値はどんどん上がっていく。どんどん深まっていきます。なので、今が苦しくて頑張れば違ってくるということではないというのも、基本中の基本です。

エゴの目的をもって学び始めるとします。エゴの目的というのはいろいろあるのかもしれませんね。もっと稼ぎたいとか、病気を治したいとか、心配な家族がいて、その家族が立ち直って幸せになるようにとか、成功しますようにとか、そういう目的があるとしますね。言ってみれば切実な目的ですね。良い悪いじゃなくて、もう切実なんですよね。

でも、この目的をエゴにゆだねてしまうとどうなるかというと、果たせないんです。いいですか、この切実な目的をジャッジするのをやめましょうね。これは切実なんです。誰にとっても切実です。でも、「これは切実な問題なんだよ」ということをまず受け入れても、そしてこの切実な問題をエゴにゆだねてエゴのやり方で解決しようとすると解決しないんですね。

何故ならば、エゴの目的というのはひとつしかないからなんです。それは、「誰もが死ぬ」ということ。そして、「あなたは死に値する存在でしかない」。それを証明すること。これしかないんです、エゴの目的は。なので、どんな切実な目的あるいは切実な問題であっても、それをエゴにゆだねて、エゴのやり方でなんとかしてもらおうとすると、結局は死んでしまう。結局、自分というのは死しか値しない、自分の価値は死でしかないっていう結論に達するんです。

だけどもし、その切実なあれこれを、ホーリースピリットと共に学ぶということをすれば、ホーリースピリットの目的は、あなたのスピリットは完全無欠で、全知全能で、そして喜びそのもの。そして、永遠のいのちであるということを証明することなので、これはそのようになるんですね。だから、まず、あらゆる問題とかあらゆる自分の野心であるとか、コースを学ぶ理由であるとか、いろいろあるかもしれないけども、とにかくすべてをホーリースピリットにゆだねて、あるいはホーリースピリットと共に取り組んでいく。ホーリースピリットと共に奇跡を経験しながら、奇跡に慣れていく。喜びをもちながら喜びになっていくっていうことですね。

「エゴにささげてしまう」ということは、言い方を変えれば、つまり私たちの意識、私たちが「心」と呼んでいるものにささげるということです。私たちが「自分」と呼んでいるものは全部エゴなので、つまり自分で解決しようとすることと同じなんです。エゴと共に歩いていくことと、自分で解決しようと思うことは同じなので、重要なのは、自分でやろうとしないことです。私たちが自分と信じている自分とは、エゴを通してすべてを考え、すべてを見ていく個体のことですから。それはまた、愛のしるしを欲しがっている存在なので。そして愛のしるしというのは、スピリットにしかないものなので、ホーリースピリットと共に愛のしるしを受け取っていくことが、コースの学びなのです。

ホーリースピリットと共に、と繰り返し言っていますが、それは「コミュニケーションを学ぶ」ということと同じです。コミュニケーションをうまくやろうとするのではなく、完全なコミュニケーションをするということです。コースにおいては、コミュニケーションは完全か無のどちらかです。関係性は、存在するかしないかのどちらかです。相手のスピリットと真っ直ぐにつながらない限り、コミュニケーションは不可能なのですね。

「コミュニケーション」という語彙は日本語として認知されているとも思うけれども、それぞれのスピリットがつながり、響き合い、祝福し合うという、完全なコミュニケーション、交信、交歓でない限り、そこに関係があるとは言えないと、コースでは述べられています。自身の内で、ホーリースピリットとそれができていないと他の人たちとの関係もできないのですね。つまり、取引ではない本当のつながり、お互いに利用し合う特別な関係ではない、信頼と祝福に満ちた聖なる関係は、ホーリースピリットとの関係によって取り戻されていくということです。

「ホーリースピリットの声を聞くというのは練習です」と言いましたけれども、「練習しなくてはという思いは苦しい」とおっしゃった方がいました。これは大勢の方がそう思っているかもしれませんね。「練習しなくては」という考え、思い。それから「良くならなくちゃ」「できるようにならなきゃ」っていう思いは苦しいですよね。今苦しいと、いつか苦しくなくなることはないので、「練習しなきゃって思うの、嫌だな、苦しいな」と思ったら、そういう練習はやめたほうがいい。それをやってもうまくいかないから。

それでは、どうしたらいいかというと、愛というのは素晴らしくて。このスタート地点で喜びをもたないといけない。スタート地点でもう目的を、「ホーリースピリットと共にやるんだ」というふうに、きちっと設定しなきゃいけない。スタート地点で「奇跡にのみ目を見開きなさい」と言われると困っちゃう。「そんなことできないよ」っていうふうになってしまう。でも、今できるかどうか、ではなく、「そうしたいです」と思うなら、それだけで十分なんです。愛はそのくらい優しい。ホーリースピリットはそのくらい慈悲深いのです。

今、この瞬間、実は喜びがない。もういろんなことで苦しくてしょうがないとしても、今、ほんとうに苦しくてしょうがないんだけれども、「これを続けたくありません。喜びの中に戻りたいです」という想いがあれば、それをホーリースピリットにお願いする気持ちさえあれば、それは叶います。それは必ず聞き届けられます。

「苦しいのは嫌です。何故私はわざわざ悲しみと苦しみと怒りを、こうして握り締めているんでしょうか。自分でもわかりません。実はわかっているかもしれないけど、わかりません。もう手放したいんです。代わりに安心と平和が欲しいです」というふうに願うことができるっていうことなんですね。これはもう、祈りですよね。そうすれば、それは必ず聞き届けられる。この学びのプロセスに入っていける。これが愛の素晴らしさであり、優しさなんですね。やらなくていいんです。「そうしたい」と思いさえすればいい。もうそれ自体が奇跡ですよね。

『奇跡のコース』の学びのスタートとゴール

ですから、コースの学びのスタートというのは、コミュニケーションです。そして、ずっとコミュニケーション。最後までコミュニケーションです。奇跡というのは、コミュニケーションの中にある。関係の中にある。「ホーリースピリットって何ですか？」という質問は、いつも飛び交うのですけれども、それは、究極では自分自身なのだし、心の中に存在するものなので、「こういうものですよ」と定義をアタマに入れても、理解できません。ホーリースピリットと知るということは、ホーリースピリットとの関係を深める中で、全体的にわかってくるものです。ああ、これが愛というものか、という経験を通してわかるものです。

あるいは、内なるキリスト。「キリスト」というのは自分がそのキリストを発見した時に、キリストが見せてくれるもの。それこそがキリストですね。自分とは違うキリストという存在がどこかにいるわけじゃないんです。

「自分」とは何か。ほんとうの自分自身の関係の中に、キリストが立ち現れるわけです。全部が「関係」なんですね。コミュニケーションです。

「内側に意識を向けると、エゴの声ばかり聞こえてしまいます」という方もいらっしゃるけれども、それはもうそのとおりなんです。自分の中を散策しても、散策している自分っていうのはエゴなので、そこにはエゴしかないんですね。

だから、心っていうのは、言ってみればエゴのことであって、人間とはエゴでないもの、つまり、愛を求める存在だと言ったわけなんですね。そして、自分にとって見知らぬ存在かもしれないホーリースピリットの、神が与えてくれたその救いの声を聞くということから始めるわけなんですよね。

『奇跡のコース』では有名な、絵巻物のお話を何度も聞いた方がいらっしゃると思うけれども、『奇跡のコース』が始まるその起源もまた、奇跡から起こっているわけです。

そのひとつは何かというと、ヘレン・シャックマンのビジョンです。目の前に洞窟があって、その洞窟の向こう側に空が開けていて、そこに絵巻物が浮かび上がった。その絵巻物の左側にはあなたの過去が書かれている。そして、イエスの声が聞こえたんですね。「この絵巻物の右側にはあなたの未来が書かれている。知りたいことは何でも書いてあります。見ていいですよ」と。未来を知りたかったら右側を開けていけばいい。過去生など過去のことをいろいろ知りたかったら左側を開けていけば、全部書いてある。その時、ヘレンは、「いや、左も右も見る必要はありません。今が知りたい。今がわかればそれで十分です」と。「今」、それはこの絵巻物の真ん中です。神あり、愛あり、平和あり。これだけをヘレンは受け取ったのですね。

これでヘレンが、『奇跡のコース』の受取人として合格したのだと言う人もいます。テストではないと思うけれども、ヘレンは「今」を、「神あり」「愛あり」という「今ここ」を選んだわけですね。これが『奇跡のコース』の起源です。

だから、コースのゴールは、「神あり」「愛あり」「今ここ」です。未来のこと、過去のこと、そんなことに気を取られる必要はまったくないということです。

「聖なる同意」

それからもうひとつの奇跡は、一九六五年の夏のこと、ヘレンと、ウィリアム（ビル）・セットフォード、この二人がコロンビア大学の心理学の教授室にいて。その頃はいろんなことがその職場で起こっていて、ヘレンとビルは対立していました。お互いに「気に食わないやつだ」みたいに思っているところがあって、世知辛い職場だったわけです。その時にビルが、ヘレンに向かって、「何かもっと別のやり方があるはずだ」とつぶやきました。その時にヘレンが、「そうね、私もそう思う」と言ったのです。

これは、「聖なる同意」と言われていて、犬猿の仲っていうほど仲が悪かったかどうかはわかりませんが、とにかくあまり馬が合わない二人だったのが、違うやり方があるんじゃないか、私もそう思うというところで初めて同意があったわけですね。

この同意っていうのはほんとうのコミュニケーションであり、純粋に、二人の心がある一点でつながった瞬間と言えます。それで二人は協力して、『奇跡のコース』を受け取ることができるようになったわけです。

そして、その後十月二十一日に何が起きたかというと、イエスの声がはっきりとこう言うわけですね。「これは奇跡のコースである。ノートを取りなさい」。だけどこの言葉の前に、この絵巻物があり、そして二人の聖なる同意というのがあり、つまりもう既に『奇跡のコース』は始まっていたんです。

だから私たちは、学んでいる最中に何を経験するかというと、私たちが日常で接するまわりの人たちと、聖なる同意を経験していく。「そうね」という同意です。

それは、たとえば、「今日は寒いからけんちん汁にしようか」「いいね」。こんな何気ないことも、聖なる同意ですよね。そんなつまらないことで？　とジャッジしないでくださいね。そんな小さな同意、「だけど」「でも」というのがつかない、完全な同意が、日常生活に満ちているといいですね。日常にある心のつながり、優しさがまっすぐ表現される時にこそ、聖なるものの存在を受け入れられるのではないでしょうか。言葉がまったく要らない同意もあります。「あなたは、あなたのままでいい」「あなたのままのあなたがいい」ということが、疑いを挟む余地なく、二人共がわかっている状態は、聖なる同意であり、またホーリースピリットの愛の色に二人が素直に染まっている状態です。「あなたはどう思う？」なんて言わなくても、「自分の心の中で、あるがままのあなたはほんとうに完璧だって私には見えるわ。私にはわかったわ」と思う、思える。それはほんとうに聖なる同意よね。あなたのいのちを私は見ている。あなたが生きている価値を私は見ている。だからこそ、私も生きている価値がある。それがわかるということが、聖なる同意です。

そして、未来が心配だとか、過去が辛かったではなく、今ここに聖なるコミュニケーションがあるということでもう完璧だってほんとうに受け取れたら、これはもうこれ以上、望むことはないですね。

奇跡は愛の表現として自然に起こる。
（T-1-I-3）

テキストの最初にある、「**奇跡に難しさの序列はありません**」。一つひとつの奇跡が、もうひとつの奇跡よりも難しいとか、大きいとかいうことはありません。すべての奇跡は同じです。そして愛はすべて最大限に表現されるわけです。これがテキスト第一章第一節第一段落目でしたね。

第二段落目には、「**奇跡そのものは問題ではありません。大事なのは奇跡の源だけです。そしてその源は、判断できる範囲をはるかに超えているのです。**」と述べられています。源、それはホーリースピリット、愛、あるいは神ですね。

第三段落に進むと、「**奇跡は愛の表現として自然に起こります。真の奇跡とは、奇跡を喚起する愛そのもののことです。つまり、愛から生じるものはすべて奇跡なのです。**」とあります。愛、ホーリースピリット、神の、表現として奇跡は自然に起こるのですね。愛は常に表現されますから。そして表現とは、差し出す人と受け取る人がいて、初めて成り立つものですから、私たちが奇跡を目撃するとは、愛の表現を、自分が目撃するということなのですね。そして、自分がほんとうに目撃したのであれば、すなわち、自分が愛を受け取ったのであれば、その愛は、自分の中からも表現されるはずです。その愛は、誰かと分かち合われます。それが、地上における私たちの愛の表現、奇跡の分かち合いということです。

たとえば、絵画とか彫刻とか、アーティストはさまざまに表現しますよね。でも、そのアーティストが作り出したものを目撃する人がひとりもいなければ、それは表現にはならないですよね。誰かが差し出し、誰かが受け取るというコミュニケーションの中に表現があります。なので、奇跡というのは愛が何らかの形でコミュニケーションとして現れた時に、姿形となって見えるものです。これが「奇跡」ですね。

姿形というのは、なにも急に机が宙に浮かんだりするとかそういうことではなくて、心の中を動かすものですよね。動かすもの。シフトさせるもの。コミュニケーションがそこにある時に起こるもの。これは、先にお話したことの続きになります。コースを学ぶとは真のコミュニケーションを学ぶということなのです。よく言われる「コミュ力」(コミュニケーション能力)ということとは違って、上手にコミュニケーションするのではなく、ほんとうにつながるのか、そうでないのか、白黒がはっきりしている問題です。自分の意識がホーリースピリットとつながっていなければ、誰かと真につながることは不可能です。さらに、相手の中の聖なる場所、ホーリースピリットの住処がビジョンによって見えていなければ、その人につながることはできません。その意欲がある時でなければコミュニケーションは無理なのですね。

自分で喜びへと戻る

心の中心にハートがある、と想像してみるのは難しくはないと思います。そこが、ホーリースピリットの住処、愛の住処と考えてみてください。

一方、自意識は、ハートにはありません。いつもエゴの中で動き回っています。自分とは、この個体のことであり、それは今、道路を渡っているとか、車を運転しているとか、赤信号に変わりそうだとか、そういう意識です。渋滞でイライラしているとか、寝不足だとか、今日の会議はうまくいくだろうかとか、いろいろな思考が巡っていて、そこにさらにさまざまな感情がついて回っています。

でも、この意識を、ハートの方に向けることができるのですね。意識とハートの間にコミュニケーションを起こすことができます。その意味で、そのように意識を使う時、意識は初めて意味をもつと言えるのですね。

自分の心の中にある分離、ハートとエゴ、聖なる場所と幻想の悪夢、という分離を取り消すこと、両者がつながると、自然に、エゴの幻想の方が消えていくという奇跡を経験すること、自分が自分と聖なる同意をする、和解をする、そしてハートを確信する、それが、コースの学びです。

では、どのように意識を、〝意識的に〟使うのか？　という問いに、コースは明解な答えを述べています。

そうである必要はないと知りなさい。(T-4-IV-2:2)

「そうである必要はない」とは、どういうことかというと、自分の内に喜びがない時、苦しい時、自分が空っぽだと感じる時、窒息しそうな時、誰かを恨んでいる時、自分の運命や過去を嘆いている時、仕事で焦っている時などに、「こんなふうに感じている必要はないのだ」ということをまず思い出しなさい、と言っているんですね。これは、新しい意識の動かし方ではないですか。

たとえば、落ち込んでいる時、意識はどんなふうに動いているでしょうか。自分が落ち込んでいる理由は、常に、自分の外側にあるものですよね。自分の責任ではない。誰かのせい、何かのせいで、こんな思いをさせられていると信じています。そしてその思いが殺意を感じるほど鋭利になる前に、今度は矛先を自分に向け、自分の弱さや鈍さを糾弾することもあります。

でも、あなたはそんなふうに落ち込む必要はないということを、どうぞ知ってください、とコースは述べています。自分は自分の気分を変えられるんです。自分の気分は誰にも強要されないんです。何者も自分の気分を押し付けることはできないんだと。自分で喜びのほうを選ぶということができる。つまり、コースの学びに戻ることができる。喜びと奇跡とほんとうの目的、つまり愛という目的に戻ることができる。

「そうである必要はないんですよ。自分で喜びに戻れるんですよ」と言われても、とてもそんな気分になれないわけですよね。だけど、これは自分で選んでいることで、自分で戻ることができるんだということを覚えていれば、「私はとても戻れる気がしないんだけれども戻りたいです、お願いします」とホーリースピリットにお願いすることはできるわけです。そしてお願いできた時、既に気分はかなり変わっているんですね。

ぜひ、この一文を覚えておいてください。


エゴは言います。「だって、誰だってこんな気分になるよ」「これ以外になりようがないよ」「もう死にたい」。そう言うわけですね。エゴがすごく喜んで、はりきってそう言うわけです。だけどその時に、「そうじゃなくてもいいんだ」ということ。エゴははりきっているから、ものすごく力強い声でいろいろ言います。

「こっちも力強くなければ闘えない」と思うかもしれないけども、エゴと闘わないでね。そこは静かに、「でも、そうじゃないんだな。自分でほんとうは選べるんだな」っていうことを覚えている、静かな部分がどこかにあれば、冷静な心が、冷静な意識が、冷静になっている部分があれば、その冷静な部分がスピリットとつながることができるんですね。

私たちの肉眼が見る世界は間違いだらけ

神だけが、ひとつの心だけが、愛だけが、平和だけがあります。でも私たちは身体を見てしまっている。肉眼は、この身体を見てしまって、「私は私」「あなたはあなた」と言っている。でも、このような勘違い、間違い、そのエゴの幻想に目が奪われてしまったその瞬間に、神はこのホーリースピリットを私たちの心に送ってくださいました。

だから、私たちの肉眼は間違いだけを見ます。そのように前回言ったと思うけども、私たちの肉眼は間違いだらけ。でもほんとうのことは見える。見えるはずなんですね。

ここにあるんだから。ということは、私たちは私たちの肉眼の使い方を、まったく新しく訓練することができるわけです。トレーニングできる。肉眼を、間違いを目撃するためのものではなく、ほんとうのことを見るための器官にすることができる。

たとえば、朝、出掛けていって、まず道を歩く。バスに乗る。電車に乗る。この時に誰かとすれ違います。あるいは誰かの姿を見ます。当然、見ますね。誰かの姿を見た時に、今までの肉眼は、「あ、この人なんか汚らしい人だから離れて歩こう」みたいなそんなふうに肉眼は使われていたかもしれない。

でも、これから私たちは、肉眼をその人にまず意識を向けることに使う。そして意識を向けたら、その人の目には見えない、肉眼には映らない、網膜に映像は結ばないけれども、その人の心にあるスピリットを見るということができるんですね。いいですか。

肉眼はまず自分の注意を誰かに差し向けるために使う。そして肉眼に導かれて、その人のところに注意が向いたら、その人のホーリースピリットを見る。その人のスピリットを見る。どうやって見るかっていうと、心の中で「ハロー」と声を掛ける。それだけです。

これがコミュニケーションの、いちばん楽しくて簡単な練習法です。目に見える人をすべて、片っ端から、その人たちの魂に、ホーリースピリットに向けて、「ハロー」とあいさつを送っていく。「こんにちは」とあいさつを送りまくる。

会社で「おはようございます」って言う前に、職場の皆さんにあいさつをしてから出勤する。朝、ご自宅のダイニングキッチンで皆と顔を合わせる前に、あいさつを終えてから姿を現す。あらゆる人とコミュニケーションを取りまくる。これは、もう長く私と一緒に学んでいる人は散々やってきたこと。そして皆さん、ほんとうにこの効果を感じてくださっているはずなんです。

この方法を初めて聞く方はぜひやってご覧になってみてください。電車に乗っていても、何やっていても退屈することはないんです。その人たちのスピリットにあいさつを送りまくる。そうすると何が起こってくるかっていうと、聖なるコミュニケーションが起こっています。聖なる同意が起こっているわけです。

「あなたという限りない価値を私は見ています。そこにあいさつを私は送っています」。その私はどこからあいさつを送っているかっていうと、私の限りなき愛から送っています。ということは、お互いの愛が表現されているので、ものすごいエネルギーがそこで生まれるわけです。

そうすると、たとえば混んだ電車の中で、その車両に乗っている全員にそれをやるとしたら、何かそこに生まれますよね。何かっていうのは、奇跡が生まれるんですよね。どんな奇跡が生まれるかは、その場、その場で違うと思いますけれども。

ものすごくぐずっている幼い子どもが混んだ車両に乗っていて、皆が「なんでこんな子どもがこんなに混んだ時間に乗っているんだ」と嫌な顔をして、お母さんがすごく申し訳なさそうな顔をしているっていうギスギスした空気がもしあったとして。その時に、誰かがその「ハロー」をやっていれば、この状況は次の駅に着くまでに変わると思いますね。そういうことは私自身が経験してきているし、それから、赤ちゃんが泣きやむっていうのも経験してきているし、他にもいろんなことが起きました。


先ほど、「この人汚らしい人だから離れていよう」ということを例えとして挙げましたが、海外旅行などで、なんとなく危険な気配を感じてその人から身を離そうとする、という経験をしたことがあるでしょう？　そしてよく、海外旅行の注意として、身の回りに気を配って警戒を忘れないように、ということが言われますけれども、警戒の代わりに、誰が近づいても、「ハロー」の気持ちがあれば、安心なんです。何故ならば、相手のほんとうの姿を認識していれば、相手はそのほんとうの姿しか見せてこないからです。これが、真の平和の創造ではないかなと私は思っています。

「ハロー」と言いまくる。これは公園で言ってもいいし、道で、路上で言ってもいいし、スーパーマーケットで言ってもいいし、何でもいい。あるいはスーパーマーケットでお買い物をして、レジの人が朝からずっと働いて、もう疲れ切っていて、客から文句も言われてほんとうにうんざりしていて、もうやってらんないわっていう顔をしているっていうこともありますよね。そういう時に、その人に「もっとプロらしく働いてよ」と、こっちもこっちでギスギスしたりする代わりに、その方のスピリットにあいさつを送って、聖なるコミュニケーションをそこにクリエイトする。その時、そのレジの人と自分との間にどんな優しさが生まれるのか。この優しさが、どんなふうに表現されるか目撃できるんですよね。

これは、ちっちゃな奇跡だと思うけれど、明らかな奇跡です。明らかに車両の空気が変わる。明らかに赤ちゃんが泣きやむ。明らかにうんざりしていた人が笑う。明らかなものが何かしら必ず現れます。

この、聖なるコミュニケーション、聖なる同意、常にホーリースピリットとコミュニケーションを一日中、保っている。それは、あらゆる人とコミュニケーションを保つということが実は目的なんじゃなくて、他の人のホーリースピリットにつながろうとすることによって、自分自身のホーリースピリットの光が、外に引き出されるんですね。自分の中ばっかりを見て、声を聞こうとしてもそれは難しいかもしれないけども、相手のホーリースピリットにあいさつを送ることによって、二人共がいきいきとするということを経験することは、とても容易になるんですね。

闘ったり嫌ったりする代わりに祝福できる

ですから今回そして次回までは、その、コミュニケーションということに意識を向けるということをやりたい。関係の中にすべてが生まれる。愛というのはこの関係、ホーリースピリットとホーリースピリットが結ばれたところに愛の発露があるし、ホーリースピリットはほんとうに無敵であるということが、そこに示される。実現する。それを目撃できる。それをやりたい。

つまり、エゴの目的は、これは私の身体、あなたはあなたの身体、私の個性とあなたの個性、私の人生とあなたの人生は全然、違う。そういう特別性を作り出す。でもこの学びでは奇跡を求める私たちの心は特別性を見るんじゃなくて、関係性の中に愛の発露を見るということをやると決めています。

この愛の学びは、確かに喜びの学び、そして奇跡の学び、真実の学びであって、そして私たちの心に生まれている分離とか分断、それを取り消す学びなので、幸せそのもののはずですよね。

でもこの学びの中に、正直言って痛みを伴うということが、やっぱりあるなって私は思うんですね。その痛みを伴うっていうのは、エゴの痛みとはちょっと違うんだけれども。それは、特別性がどんどん剝がれ落ちていく時のエゴの空虚感とはまた違う、どこか真空の中に自分が投げ込まれてしまったような、何とも言えない感じ。それから今までの慣れ親しんだ人生空間みたいなもの、慣れ親しんだ空気がなくなっていく実感のようなものを感じる時があるなと思うんですね。そんなふうに思わない方も大勢いるだろうけども、そういう痛みっていうのがあると思うんですね。「あります」という声を時々聞くんだけれども、私もありました。

でもそういう時も、ホーリースピリットの声を聞くという習慣があれば、ホーリースピリットに尋ねるだけの信頼がそこにあれば、真空地帯の中に光がだんだん差し込んでいく感じを、焦らずに、走り回らずに、立ち止まったまま待ってるんじゃないかなと思うんですよね。だから、この学びに足を踏み込んだその途端、痛みに直面する方もいらっしゃるかもしれない。随分しばらくしてから直面する方もいらっしゃるかもしれないし、まったく直面しない人もいるかもしれないけれども、もし直面した時には「ああ、今、私は何を信頼したいだろうか」ということを思い出したらいい。

それからもうひとつ、この実在の宇宙に私たちは勘違いを見ました。でも神は直ちにホーリースピリットを私たちに送ってくださいました。そして、幻想に愛の光をあて、祝福することで、私たちの勘違いを正した、つまりゆるしたのですね。

ということは、私たちも自分たちの幻想を祝福できるんですよね。私たちの勘違い、私たちの暴れん坊のエゴ、そして時にコントロールが効かなくなるエゴを、荒れ狂う感情を、それらと闘ったり、それらを嫌ったりする代わりに祝福できるんですね。

つまり、自分自身がほんとうにどうしようもない時に自分自身を祝福できるということです。誰かを見て、たとえば、「この人はエゴの塊だ。それももうほんとうにとんでもないエゴだ。こいつだけは救われまい」「どうにもこの人には、ハローと言おうが、聖なる関係を自分の胸の中で感じようがもう駄目だ。この人は鬼のような存在だ」というふうに見えてしまう人がいたとしても、その人を私たちは祝福できるんですね。そのエゴの部分というのは、自分が見ているエゴのその恐ろしい映像ですね。エゴの投影。エゴが作り出した化け物。自分のエゴの力の恐ろしさ。その恐ろしさが具現しているその相手。それを全部ひっくるめて私たちは祝福できる。

「祝福」というのは何か。すべては幻想なので、このままでいいんです。幻想は幻想なんだから、闘う必要はないということ。そしてその幻想は、私たちの愛のエネルギーを使って、勘違いして作り出された想像力、クリエイティビティーのひとつの形なのだから、「本来これは愛の力なんだ」ということを思い出して、ひっくるめて受け入れる。何を見ても私たちは聖なるコミュニケーションに戻ることができる。

そこに戻った時に、私たちは奇跡を目撃することができる。そして、相手と自分の関係がそのコミュニケーションの糸で結ばれた時、自分も救われ、相手も救われる。それと同時に、祝福を受けることができる。

そしてその、祝福を受けることができるというのは、罰せられなければいけないことは自分にないし、罰しなければいけないことも相手にないということ。つまり、自分にも相手にもまったく罪はないということを認めるということです。究極的には、ゆるさなきゃいけないものは何もないということ。この、ゆるさなきゃいけないものは何もないということに気づく、このプロセス自体が「ゆるし」です。

肉眼の役割は、ゆるしのためのドア、あるいはスマイルマークをピンポイントで見つけることだと明確に理解しましょう。

肉眼が惹きつけられるもの、それは、エゴの思考体系が、あなたに見せようとしているものです。問題を見せて、「さあ解決しなさい、あなた自身で」と命令するためのもの。素晴らしいものを見せて、「さあこれがあなたの新しい神です」と偶像崇拝を促そうとするもの。でも、そこで、ハートの部分、聖なる場所、愛の場所から、ホーリースピリットと共に愛の心眼（ビジョン）で見直すなら、真実が現れます。

自分のホーリースピリットの声を聞く。そして、相手のホーリースピリットの声を聞くというよりも、相手のスピリットとつながる。

それは、「つながりましょう」と相手を説得することじゃなくて、静かに、音もなく声もなくすること。そして、そっと静けさの中で相手にあいさつを送って、静けさの中で相手とのつながりを感じること。そのような祝福、そのようなゆるしのことです。それを毎日やってみましょう。ありがとう。

Session 3

エゴの幻想の中では、
エゴ v.s. エゴ（個人 vs 個人）の感情、記憶、背景などの応酬しかなく、
お互いの真の自己が触れ合うことができません。
相手の怒りをぶつけられて、怒りで返すなら、
自己防衛と警戒と不信が続くだけです。
エゴが反応していると気づいたら、スピリット（愛）で返しましょう。
その練習だけが、自らを救います。

私とあなたの間には平和しかありません

目を閉じたまま、ホーリースピリットに心の中をくまなく見わたしていただきましょう。そして、ホーリースピリットにお願いしたいこと、祈りたいことがおありだったら、それを心の中でお願いしてみましょう。

どのように祈るのがいいのかとか、どうしたら聞き届けられるのかとか、そういう思いは一切なしに、ホーリースピリットがすべてを見通し、見わたしてくださっていますから、ただただ心を開いて、浮かんだその言葉をホーリースピリットに差し出してください。既にもう見わたしてもらっているとわかっていて、特に言葉がなければ、ただ静けさの中でホーリースピリットの存在を感じてみましょう。

そして、こうお祈りしましょう。

「ホーリースピリット、この聖なる一瞬をあなたにささげます。あなたにすべてをお任せします。あなたの導きが私に平和をもたらすと確信して、あなたについていきます」

この祈り、この言葉を心の中に響かせて、ご自分がどんな反応を示すのかを観察していらしてください。

「ホーリースピリット、この聖なる瞬間をあなたにささげます。あなたにすべてお任せします。あなたの導きが私に平和をもたらすと確信して、あなたについていきます」

あらためましてこんにちは。今日もありがとうございます。Say hello!「ハロー」のごあいさつを送る。これ、皆さん、楽しんでやってくださっていてすごくうれしいです。「ハロー」を送るというのは、「私はあなたにハローだけを送ります。こんにちはと送ります。それ以上の要求はありません」という態度表明です。今日も頑張ってねとか、病気治ってねとか、もっと稼いでねとか、今日は文句言わないでねとか、そういう要求は一切ありませんという意思表明です。

これはまた、「私はあなたを攻撃するつもりはありません。あなたに文句を言うつもりはありません」という表明でもあります。つまり、白旗を上げているのです。いつも、「もうギブアップしてホーリースピリットにお任せしましょう」って言っているのは、こういうことなのですね。あなたをどうこうしようとするつもりは私にはありません。

「あるがままのあなたを受け入れます」という、そういう意思表明であり、そういう覚悟です。

言葉を変えるなら、スタート地点に今日も立つということです。攻撃しません、あなたに要求しませんというスタート地点から出発すれば、そのプロセスは、その方とのさまざまな関係はすべてそのように進んでいくし、そのゴールも、「私とあなたの間には平和しかありません」というゴールになります。だから、「ハロー」と言うのはとってもいい目的設定ですよね。

だから、やっている方の中には十何年以上同じ話を聞いているなと思っている方もいらっしゃるだろうし、今回、初めて「なるほど」と思ってくださった方もいらっしゃるだろうけども、これはほんとうに忘れたくないことです。

「ハロー」をすると、飛行機の中とか電車の中とか、泣いている赤ちゃんが泣きやむことがあるし、公園でワンちゃんが吠えるのをやめてこっちを見ることもあるし、それから、身の回りにある物にも「ハロー」をしてみると、びっくりすることがあったりします。物が動くことだってあります。「物が動くのか、ちょっとやってみよう」みたいに、動かしたくて「ハロー」をするわけではなく、物をただあるように見るためにやる。すると動くのですね。(笑)

自分が大事にしている高価なお皿があるとします。一方で、プラスチックでできて、捨てなきゃいけないのにその辺に転がったままになっている物がある。それは、プラスチックの転がった物と高価なお皿があるのではなく、そこには神しかいないんです。愛しかない、とも言えますね。だから、「ただのお皿ね」と視線を外すのではなく、お皿があるところに「ハロー」を送る。すると神が、愛が、応えてくれる。プラスチックに「ハロー」を送れば、プラスチックではなくて神が応えてくれる。だから、あらゆるところでやってごらんになってください。その応答は、「私はあなたですよ」ということになるはずです。

「ハロー」でつながる優しい世界

コメントをたくさんいただいています。

「これから会う予定の人、すでに会った人、道行く人、今、目の前にはいない友人や知人に『ハロー』と言うと、何ともいえない優しい満ち足りた気分になって、もう楽しくてしょうがない毎日です。この世界そのものがとても優しく思えてきて、生まれて初めて生きるのが楽しいと心から思えている自分にびっくりです。思えば、今まで私はどれだけジャッジして、防衛という名の攻撃をしていたのか思い知りました。私のこの心の変化に応じるように、周囲の人から優しくされる出来事が立て続けに起きています」

「ただハローと声を掛けるだけで、私の中の孤独感がとても小さくなってきている。死にたいと思う回数が減っていくのを感じます。でも、変化していく私を引き留めようと必死だけれど、そのくらい私を愛するエゴを、私もホーリースピリットと共に受け止めて、愛し続けていきたいです」

「通勤時間に知らない人にもハローを送って、通勤時間が癒やしの時間に変わりました。この人たちも皆フレンズなのだなという実感はとてもうれしいものでした。今朝はごあいさつするうちに、自分という感覚が薄まっていって、人々と溶け合うような感覚になりました。最近、コースの学びについて抵抗を感じることが多くて、そんな自分を責めることにもなりがちでした。でも、ハローによって孤独にならずにいられるようです」

どうもありがとう。「ハロー」でつながる優しい世界を知ってしまうと、それを忘れた時、逆に今まで以上に辛さに敏感になるかもしれませんね。こんなふうに孤独な存在であるならば、「もう死にたい」っていう、そういう思いが、以前よりもっと鮮やかに浮かんでくるかもしれません。

それと、「ハロー」というのは、さっき言ったように自分の態度表明ですけれども、人に対して差別がなくなるわけですね。ジャッジがなくなる。人をジャッジしなくなると、孤独がなくなるのです。人をジャッジしている時、人を区別している時、人と自分が分離している時は、孤独です。自分のこともジャッジしていますからね。自分のことをジャッジするのをやめようとすると難しく感じるかもしれないけれど、人に対するジャッジがなくなると、いつの間にか自分に対するジャッジも止んで、孤独じゃなくなるっていう経験をしますね。

「皆さんのコメントを読みながら、これも聖なるコミュニケーションなのだと満たされた気持ちになりました。表現とは、差し出したものを受け取る人がいてくれて成り立つものという言葉を思い出しました。私たちは、この世界が、この人生が、信頼に足るものであることを実感するために学んでいるように感じました」

ありがとう。エゴの役割は何でしょうか。ご自分の言葉で、ご自分の感覚で、答えを見つけてみてくださいね。「エゴというのはこういうものです」と示されて、「はい、わかりました」と納得できるものではないので、自分のエゴはどうしてこんなにうるさいのか、騒がしさが止まないのか、その答えは、ホーリースピリットに聞いてみてくださいね。

そして、ご存じない方もいらっしゃるかもしれないのでちょっとだけ伝えますけれど、私はこの「ハロー」というのをもう三十年近く前になるでしょうか、初めて教わった時に、三日で母との関係が完全に変わりました。母とのあれこれが続いた歴史が完全に終わったのです。『奇跡のコース』を生きる実践書』という本の中にも書いてあるので、もし興味があったら読んでいただきたいです。

「香咲先生のレッスンで、アルコール依存症12ステップという言葉を何度か聞いたことがあります。これはどういうふうに依存から抜け出せるのでしょうか」

これは私たちが今まさにやっていることです。アルコールであれ、ドラッグであれ、混乱、依存症であれ、痛みであれ、頑張るということであれ、チャレンジするということであれ、私たちは皆依存症なのです。エゴというのは依存症だから。

依存症とは、偶像崇拝です。

病の神、アルコールという神、甘いものという神、困難という神、自分がいつも見ているものが、自分にとっての神になっています。

何故偶像を拵《こしら》えるかというと、本物の神、すなわち、自己の完全性という本質から逃げるためなのですね。どうしても自分は弱く、「これさえあれば、まずは、ひと安心だ」というものを追いかけることをやめられない。人から分離しているなら、孤独なら、確かに自分だけの神様、これさえそばにあればほんとうは直視したいことを避けていられる、自分の輝きを否定していられる、自分の欠損を誰かのせいにして文句を言い続けられる、というわけです。

社会の中で、あるいは、家族の中で、いろいろつらい思いをしたり怒りを抱えたりして、やっと自分ひとりの部屋に帰り着く。そこに酒がある。まずは一杯。ほっとする瞬間ですよね。引きこもって、自分に寄り添い慰めてくれる酒という神（スピリッツ！）

だけがそばにいるわけです。依存症とは偶像に頼ること、そして引きこもることです。
そこからの回復を私たちは一緒にやっています。
偶像依存や困難依存、コースの学習はこうした依存症からの脱出のプロセスです。ONLYLOVE TV（https://www.onlylove.tv/）にて、12ステップを基本にしたプロセスの学習が検索できます。第四期のオンラインコースがそこに特化されています。

「職探しに成功しました。これは奇跡です」という方もいらっしゃいましたが、職というのは探したら終わりではなく、職を得てからがまた大事な道です。始まり、プロセス、結果。これらを忘れずに平和な道で経験なさってくださるといいと思います。

先ほどのチャレンジの話で、「明日から早速勇気を出してチャレンジしてみます」とコメントに書いてくださった方がいらっしゃったけれど、チャレンジする必要はないですからね。そこは紙一重なので、ご自分のお尻を叩いたりしないように気をつけてください。ホーリースピリットは決して、叱咤激励などということはしないし、飴と鞭を使い分けるなどということもしません。愛はコントロールしないのです。

コースの出版に貢献した、ジュディス・スカッチという人がいます。コースの出発点、まだ一九六〇年代のこと、ジュディはコースを学んでいましたが、誰かに対してものすごく腹を立ててビルに電話をしました。ビルは、ヘレンと共にコースを世に出した人です。そのビルにジュディは、いかに自分がひどい目に遭っているのか、文句を言いました。とてもゆるせない、これはどう考えても、あの人が酷いということをまくしたてたのだということです。その時のビルの答えは、「よく考えてごらん、〝こういう理由で悪いのは彼だ〟ということを僕にレクチャーする代わりに、文句を言うのをやめてみると、気分は良くなるよ」でした。

どちらが正しいかではなく、やめるとあなたの気分が良くなりますよっていうことなのです。腹が立ってしょうがない、むかつく、眠れない。あるいは悲しい、あるいは落ち込む。その時に、こうである必要はないということ。「あ、これをやめてもいいんだ」ということですね。やめると、もしかしたら気分が良くなるかもしれない。そうできるということを思い出すことはとてもいいですよね。

奇跡と魔術

「奇跡と魔術の違いは何ですか」というご質問がありました。これもテキストの最初に書いてあるので、読んでくださるといいと思いますが、エゴの解決方法はもう決まっています。たとえば、Aさんとの問題があるとする。それをエゴは、Bさんを使って解決しようとします。

いちばんわかりやすい例が、アル中のお父さんで苦労した人がいました。でも、お父さんがアル中でも、子どもの自分はそのお父さんを助けてお父さんを変えることができなかった。その痛みを抱えている人が大人になると、今度はアル中の誰かを見つけてきて、その人をパートナーにして、今度こそ私はこの人を更生させてあげるというふうに頑張るわけですね。Aさんとのことで何か嫌なことがあると、そこで解決しないでBさんを使って自分を納得させたり、Bさんを利用してAさんのことを忘れたりしようとするのがエゴです。

つまり、Aさんの問題をBさんで解決しようとすることの何がいいのかというと、Aさんが自分の視界から消えますね。今はBさんのことでいっぱい。Aさんのことなんて、もう向こうの方へ行っちゃった、となるのが、エゴにとっての解決です。そしてそれが「魔術」です。

一方、「奇跡」とは何か。AさんからBさんへの平行移動ではなくて、AさんとかBさんっていうバラバラのものを見ていた地上の平行移動の代わりに、それらを超えて、つまり、区別とか違いとか、被害者と加害者とか、人生って苦しいという信念を超えて変容していく。そうして癒やされていく。全部が一緒に癒やされる。

さらに、「そうか、私たちは全員、すでに癒やされていたのか。それが愛なのか。変わらないのか。信頼していいのか」と受け入れる。これが奇跡です。魔術というのは平行移動に過ぎません。

たとえば、癌細胞がありました。どうやったら消えるでしょうか。これは魔術です。奇跡というのは変容なので、ガンがあるとかないとか、エゴの投影である知覚を超える。エゴが〝問題〟と判断するあらゆる知覚を超えるので、問題が視界から消えます。それが奇跡ですね。

自分の祈り

ホーリースピリット、この聖なる一瞬をあなたにささげます。あなたに、お任せします。あなたの指示が私に平和をもたらすと確信して、あなたについていきます。
（W-361-5.1）

常にその場に適した祈りができるようになるといいですよね。どんな時でも、祈りの言葉が、その時にいちばん適切な祈りの言葉に自分の心が開かれていくように。

皆さんの中にはコースをグループで学んだり、コースじゃなくても皆で一緒に何かイベントをしたり、その時にそこにいるメンバーで、皆でこの祈りをささげる。全員でひとつの祈りに心を合わせるということを、始めになさるといいですね。

あるいは、それぞれが、自分の心の中で、「この時間を、祝福のために使えるよう助けてください」「皆の心がひとつにつながるのを目撃させてください」等々、その時々の自分の祈りができるといいですね。

だけど、「なかなか祈りになりません」とか「やっぱり構えてしまいます」という方は、コースはテキストもワークブックもあらゆるものが祈りの宝庫なので、パッとページを開いて、その時の祈りが自分のその時の最高の、いちばんしっくりくる祈りかもしれないですね。

だから、コースのあらゆるところにある祈りの言葉をいただいて、それをその時の自分の祈りにするという、そういう習慣をつける。あるいはそのように練習を始めるというのはとてもいいと思います。

そうである必要はないと知りなさい。
(T-4-IV-2:2)

この一文、覚えていますか？　ホーリースピリットからの素晴らしい贈り物です。私たちは、この経験を分かち合うために、こうしてシェアをしています。日常会話のすべてが、このようなシェアになったら、地上の風景に平和が広がるでしょうね。

「コミュニケーションの中に意味がある」ということをお話しました。そのひとつが、相手のスピリット、相手の愛に「ハロー」を言うことでした。コミュニケーションの内に意味があるというのは、ひとつは皆さんがシェアしてくれたように、誰かにシェアをすることです。シェアというのは、自分にとって大事なことが誰かにとっても同様に大事なことだという経験をすること。これはもう極上のコミュニケーションです。あるいは、これだけが、コミュニケーションです。だから、シェアする内容は「こんな奇跡を経験したのよ」というものに限らないわけです。

私は今こんなことで苦しんでいるの。エゴに浸かっているだけとわかっているけど、なかなか抜け出せないでいるの。そういうことがあったとしても、それを伝えることによって、それが愛に変わるという経験がやって来ます。だからとにかく、自分が差し出すものが相手に受け取られる経験が貴重です。情報はシェアではないし、事実の伝達もこの意味ではシェアにはなりません。シェアというのは常に愛ということです。信頼の表明です。「私はあなたを信頼して、あなたの心の聖なる場所、神の叡智が宿っている場所に向けて、このことを分かち合っています」ということです。

だから、どんな内容でも愛のコミュニケーションであれば聖なる同意になります。ヘレンとビルの聖なる同意と同じように。だから、こうして皆さんがシェアしてくださっているのも、聖なる同意ですよね。そして、その、聖なる同意をする時、私たちはエゴの思考体系からスピリットの思考体系へと意識を向けることになります。

エゴも私たちも幻想

私たちの意識は、いつもエゴの中にあります。当然ですね。意識とは個人概念のことですから、エゴそのものです。自意識がアレコレを考え、感じ、それを球体に投影して、その景色を眺めては、まるで、景色が勝手にいろいろと動いて、自分に襲いかかってくるように感じるのです。

私たちそしてエゴというのは幻想です。では心にはいったい何が実在するかというと、もちろん、神の心です。聖なるもの、叡智、愛、霊性（スピリット）です。ということは、私たちの、実在する心とは、〝自分のものではない〟ということになります。

私たちが〝自分〟だと信じてきた心は、幻想に過ぎなかった。想像上のものでしかなかった。実在する心は、スピリットだった。でもスピリットは神の心なので、〝私のスピリット〟ではない。全員が共通してもっているものだ。

とすると、私とはいったい何なのでしょうか。やはり、〝私がある〟〝ここにいる〟という意識のことでしょう。その意識が「私」を主張するのです。

意識はエゴの中にあります。でも、私たちの意識は、スピリットの意志を感じることができます。

スピリットの意志？

そうです、スピリットには、神の心には、愛には、ただひとつの意志があるのです。その意志とは、……しよう、……になろう、というような類のものではなく、単に、〝愛そのものである〟という意志です。〝そのままでいる〟という意志です。

エゴの中にある私たちの意識は、それを感じ取り、抵抗するか、もしくは意志に従ってスピリットへ意識を移行させるか、選ぶことができます。

その能力こそが私たちだ、と言えます。

意識がスピリットに移行すると、スピリットの、愛の思考体系で物事を見ることができます。球体の全方位、あらゆる景色が変わるのです。それが、私たちがやっていることです。

意識がエゴにある時、私たちは、自分の中にスピリットがあることを忘れています。神の心などというものも忘れています。自身の中にある叡智、愛といったものも、そんなものがあるとはとても信じられないくらいに遠いものに感じられています。

まわりを見て、それらがエゴの投影だということも忘れているので、誰かを見る時、エゴばかり見えて、その人の中に完全な愛があることなどまったく想像もできないでいます。意識がエゴの中で活発に働いている時、私たちは、完全に、自分の本質を見過ごしているのです。自分自身は、そして目の前のその人のほんとうの姿は、エゴの妄想に隠れて見えなくなってしまっています。隠したのは自分のくせに、ほんとうの自分が見えない。完璧な自分なんてわからない、と、文句を言っているのですね。

でも、どんなにエゴで自分を隠していても、自分の中にある愛はそんな幻想に押しつぶされるなんてことはあり得ません。幻想は存在していないのですから。

ほんとうは、愛だけが出ているのです。常に愛だけが放出されている。だから、心配は何もないのだけども、常に愛だけが出ていても、自分で、意識がエゴに居座ったままだと、愛は一向に見えない。だから、もったいないですよね。一向に見えなくてどうなっているかというと、スピリットから愛が出ていく。

それで、その愛を、あるがまま出ているのを見ればいいのに、自分の中の恐怖心で抑えてしまう。怖くて抑えてしまうと、それは、今度は罪悪感になる。それを嘆く、悲しむ、後悔する、心配する、それで怒り出す。そしてまた怖くなるというふうに、ぐるぐる回ります。

そうやって、愛が出ていくのを全然見ない。愛は出ていっているのに自分は見ないで、この中をぐるぐる回ることになるわけです。ぐるぐる回って時間を無駄にする。一分、二分の時間を無駄にするようになって、十年、二十年、三十年、四十年の時間を無駄にするわけです。

だから、この無駄にするのをやめれば、ほんとうの自分がいったい何をやっているのか。ほんとうの自分の人生がどんなものなのか。それが見えてくるということなのですね。

意識がスピリットにいるなら、その意識は、相手のスピリットだけを見ます。逆も真なり。相手のスピリットだけを見るならば、自分も自然にスピリットに帰ります。相手のエゴを見るならば、自分もそのままエゴになります。絶対に交差しません。だから、相手の何かを見て文句が出る時、悲しみが湧き上がる時、怒りで身もだえてしまう時、その時の自分というのはエゴでいるわけです。これは大原則です。この原則についてどう思うかと議論しても仕方がない。思うも何も、これが原則だから。

スピリットとは、「私が属しているのは神の王国です。つまり、私は、神の宇宙の一部です」ということを知っている心のことです。

幻想のエゴというのは、一言で言えば、「自分はまだ足りない存在だ」と思い込み、引きこもろうとする勘違いのことです。

もう一回確認させてください。私たちの心にはスピリットの思考体系とエゴの思考体系がある。エゴは幻想だけれども、私たちは幻想を見てしまっているので、エゴの思考体系があると言っていますが、実はエゴは存在していません。幻想の中でのみ、リアリティをもって迫ってくる魑魅魍魎のようなものです。

この二つの思考体系を理解していれば、自分が今どこにいるのか、何をやっているのかということがはっきりしてきますね。

リアクションとアクション

「ハロー」と並んでもうひとつ、ものすごく基本中の基本だけれど何年やっていても忘れるという難しいことがあって、それを次回までの宿題にします。

たとえば、職場や家庭で、誰かに怒りのボールを投げつけられるとします。怒りを見ている時の自分の意識は、当然、エゴの中にあります。すると、「何よ！」と、こちらも怒りのボールをすぐ投げ返す。怒りのキャッチボールが始まるわけですね。

でもその時に、それをしないで、怒りのボールが飛んできたと思っても、それを愛で受け止める。もう絶対に愛で受け止める。そして、愛で受け止めたボールを、相手の愛に返す。そういうこともできるのですね。意識がエゴから出ていれば。

あるいは、怒りをぶつけられて、自分が怒りや悲しみや悔しさ、後悔や自責などエゴが刺激されて渦巻く時に、「あ、自分はエゴを見ていたな。スピリットで見よう」と、心を訂正することもできます。

私たちのエゴというのは常にリアクション（reaction）、つまり反応しながら生きています。誰かが何かを言った、そして腹が立った。誰々が優しくしてくれた。だからうれしくなった。誰々が褒めてくれた。自分って結構なかなかイケてるかもしれないと思えるようになった。もう全部がリアクションです。

このリアクションの中には、自尊心もなければ、誇りもなければ、ほんとうの自分の価値もまったく含まれていません。

私たちがリアクションをする時、「相手のせい」という被害者意識が活発になっています。誰かの言動によって自分が左右されるという、エゴの基本的な思考方法、真実を逆さまにした思考に寄りかかっています。これを完全にやめたいのです。

何が起こってもリアクションしない、反応しない。相手のエゴから来ているように見えていたとしても、どこから来ているのだろうかと自分がジャッジしたとしても、必ず愛で受け止める。そして、愛を送る。これがほんとうのアクション（action）、つまり、テイク・アクション（Take action／アクションを起こす）なのです。

何が起きてもリアクションしない。ニュースを観ていても、新聞を読んでいても、何をしていても、家族の中でいろんなことが毎日起こっても、リアクションしない。愛で受け止める。

アクションするとどうなるのかな？　アクションすることによって、奇跡が起こるのかな？　アクションすることによってこの子が良くなるのかな？

そうではなくて、アクションすることによって、気分が良くなります。つまり、自分の心が平和になるということだけが大事です。何が来ても愛で受け止める練習をしていくと、そこでやっと確信が生まれてくるのですよね。

つまり、エゴが今まで私たちにささやいてきたように、人生の状況っていうのは無作為にやってきて、自分は常に被害者であってそこから身を守らなくちゃいけないと考えるのをやめて、もうゴールは自分の平和だけ、スピリットの愛に留まることだけと決める。そうすると、状況はすべてそのゴールのために意味あるものとなるので、人生にものすごい変容をもたらす訓練になります。

ゴールは平和。正気でいること。被害者意識から完全に出ること。真実に留まろうと意志すること。それを実践すると、すぐ何かが変わります。自分の心の状態が変わると、まわりが変わるからです。まわりというのは、確かに自分の心の鏡なのだということがはっきりわかります。

だけど、時々やるのでは、わからない。あなた方は聖なる瞬間を何度も経験していて、そのありがたみも受け取っている人も多いかもしれないけれども、何故忘れるかというとずっとやっていないからで、気がつくと、いつもの被害者に戻っているというのを繰り返している、とテキストで何度も述べられています。

何故ならば、エゴというのは、あなたがゴールを忘れるように、すぐ違うことに注意を向けさせるから。あなたはそれにひょいひょいついて行ってしまうから。だから、「これだけをやるんだ」と意識を向けてみましょう。これが今回の宿題です。

クモの巣と鉄

コースでは、私たち神の子のつながりを「鉄でできているクモの巣」という言葉で表現している箇所があります。

この「クモの巣」という言葉は、ワークブックに三回出てきます。日本語訳によってはこのクモの巣の部分を訳さない翻訳もあるようです。わざわざ書かないほうがわかりやすいということで消したのかもしれませんが、このクモの巣の概念はとても大事なので、ここで強調しておきたいと思います。

クモの巣というのは、いつも揺れていて危ういですよね。そして、複雑な構造をしていますね。つまりこれが、私たちが見ているエゴの人間関係であり、エゴが生きていく人生です。エゴが生きていく人生は、いつも揺れていて、複雑で、脆い。クモの巣はすぐ切れてしまう。クモも落下するかもしれない。自分に必要な獲物が来てくれるとは限らない。人生は、このクモの巣のように危うい。でも、実はこのクモの巣をスピリットの思考体系で見るならば、ここには鉄の強さがある。鉄の強さを実は兼ね備えている。

複雑に見える、それから揺れている、それでちょっと柔らか過ぎるっていうふうに見えるものの中に、実は鉄の強さがあるということです。

これについては、ヘレンが、「アイアン（iron／鉄）じゃなくてスチール（steel／鋼）ですね。スチールの強さのことよね」とイエスに言うと、「スチールというのは生ものではない、アイアンこそが生ものの鉄、強くしなやかな存在だ」とイエスが言う会話があるのですが、この鉄というものがもっている強さ、それが私たちの中にあるのだということです。

クモの巣と鉄というのは、ほんとうにいい対比ですよね。まったく違うもの同士の面白い組み合わせだけれども、この地上でいちばん脆いものに属するクモの巣と、いちばん強いものに属する鉄っていう、それら両方を兼ね備えられているものがある。これが、ミラクルの、奇跡の土壌なのだと言っているのですね。

ゆるしなさい。そしてゆるしてもらいなさい。あなたが与えたら、あなたは受け取ることになります。神の子を救うためには、これ以外の方法はありません。ここに、筋道が通っていてわかりやすく、単純でだましようのない答えがあります。この世界が紡ぎ出した脆いクモの巣の複雑さはみな、このきわめて単純な真実の声明の力と威厳の前で

消えてなくなります。

(W-122-6)

クモの巣の脆さは強さがもっている柔らかさに変わるのですね。強さがもっているしなやかさに変わります。一見、無防備で柔らかく、傷つきやすそうな感受性も、実は鉄の強さを追っているということです。

六、七分の間、この世界が聖なる神の子のまわりに張りめぐらせるたわいもないクモの巣のようなもやもやを、自分の心からすべて払いのけなさい。そして、あなた自身の知識をあなたに自覚させないように思える鎖は脆いということを、このように言いながら学びなさい。

私は、自分自身のために、和解を受け入れます。

私は、神が創造されたままの私だから。

(W-139-12)

次の箇所は、私の翻訳バージョンでも、クモの巣の代わりに「眠っていた心」という訳にしてあります。

それは、眠っていた心が忘れていたあらゆる記憶を取り戻してくれます。愛が意味することの確かさをすべて回復してくれるのです。

(W-168-3)

この箇所の「それ」とは、神の恵みのことです。

私たちがこのクモの巣だけを見つめている時、それは弱々しくしか見えません。「このクモの巣でどうやって生き延びたらいいのだろうか」「何を目的にしたらいいのだろうか」「どこに向かって行ったらいいのだろうか」などといろいろ考えてみても、確信がもてません。

A地点からB地点へ平行移動しても、そこに意味はないということと同じで、クモの巣も、左側から右側に横断できたら成功だとかそういうことではなくて、クモの巣は実は強さに支えられているんだということ。神の完全な強さ、鉄よりも強い強さ、それに支えられているということを見ていく、それが奇跡なのですよね。

その「強さを見る」ということは、違う言い方をすれば、先ほどのように、どんなことがあってもリアクションをやめる。アクションをする。何があっても自分の中にアクションできる力があるということですね。これ以外に私たちがほんとうに信頼できる強さっていうのは、どこを探してもないと思います。

自分の心が反応してみたり、そうじゃなかったり、それを行ったり来たりしている間は、ホーリースピリットが応えてくれるように見えることもあれば、そうじゃないこともあって、少し疲れてきて、もう少し頑張ってみようかな、ちょっと休もうかな、と、それこそクモの巣のように揺れて、学びがつらいものになってしまったりします。

でも、その行ったり来たりの中に、強さはないですから。疑いだけが積み上がっていきます。

鉄でできているクモの巣というのは、決して途切れないので、最強です。その強さを見るなら、クモの巣のどこかに引っかかっている、自分という身体が見えなくなってくるのですね。どんなふうに見えなくなってくるかっていうと、身体に風が吹くというか。クモの巣の中の強さを見ている時、私たちは「自分は強くなくては。独立独歩で行かなければ」などと意気込む必要がなくなります。

　そのようにして、私たちは私たちの仕事をするのです。私たちの仕事というのは、奇跡に対する私たちの仕事のことだけども、それはもうただひとつ。準備万端でいることです、奇跡に対して。準備しておくことです。気がついたら、奇跡が起きていた、ではなく、そういうこともあるかもしれないけども、そのようにして目覚める人も大勢いると思うけれども、奇跡というのは、自分で準備してそれを受け取ることができる。あるいは「起こすことができる」って言い方をしてもいいと思うけれども、準備すればそれは必ず見えます。ただ、奇跡を起こすことができるといっても、「その奇跡を起こす」ことは私たちにはできません。奇跡というのは厳密に、私たちの人智が考えつくようなレベルを超えたものなので、奇跡がどのようなものとして目撃されるかは、あらかじめわかることはないのです。奇跡は常に、驚きと共に目撃され、そして同時に、「こうなると実は自分は知っていた」という感覚を引き起こすものです。

　私たちの仕事は、準備万端でいることです。準備万端というのは、スピリットの思考体系に戻ること。戻るために、日常がある。戻るためには反応しないでアクションすればいい。そして、相手の愛に「ハロー」と言い続ければいい。そのようにして、「被害者と加害者」という世界から、自分の視線を違うところへ連れて行く。そして、分離を見なくなる。あらゆるものが同じ。

　同じだけれども、それぞれのスピリットは、その時々のものを見せてくれるというられしさがある。もちろん、全員が同じスピリット。全員がひとつの神の心に属している。だから、誰に「ハロー」を言っても戻ってくるものは同じです。戻ってくるものは愛、温かさ、優しさであり平和。そうだけれど、その時のタイミングで自分が平和になるための完璧なものが来るのですよね。そして、Aさんに「ハロー」と言った時と、Bさんに「ハロー」と言った時と、学びの内容が変わったりするわけです。

　だから、同じでありながらそこに違いがあるということ。同じだけれども、ホーリースピリットは、自分のタイミングにいちばん大事なことを送ってくれる。つまり、メッセージをくれるということなのですよね。

　コースの学習は、自分の心の訂正が百パーセントです。同時に、〝他者〟とのコミュニケーションの練習が百パーセントです。ですから、誰かがその人の経験、思い、変容、コール・フォー・ラブを表現している時に、自分がホーリースピリットと共に、その人の声の源に耳を傾けているかどうか、聞くことによって奇跡を呼び寄せているかどうか、そこに学びのポイントというか、真髄があるということを覚えておきたいですね。あなたの言うことを聞いている暇はない、というような姿勢は、すぐに自分で気づいて取り消したいものです。

また、この人の言うことには耳を傾けるけれど、あの人のシェアは自分には関係ないし、役に立ちそうにない、などと耳を塞いでしまうということがありがちな学習者は、なかなか奇跡に辿り着けないようです。三十年近く大勢の方々と学んできての観察から申し上げています。人に対する判断や区別、自分に必要なことは自分でわかっているという思い込み、それらが人のシェアを聞く時の姿勢に全部、露わになります。誰が何について話していようと、じっと、真剣に、ホーリースピリットと共に真の声をそこから聞き取ろうとする姿勢が、自分自身を救う早道だと思います。

私たちが歩いている大地、そしてその大地はでこぼこしていて、それは実はクモの巣のように脆い。だけど、その底には、大地の下には永遠があって、愛がある。そうなのだから、その上にかぶさっている、その上に漂っている幻想の時間を信頼して使っていきましょうよ。支えられているから。もう心配はないから。伸び伸びとやっていきましょう。ありがとう。

Session 4

実は、ホーリースピリットのガイダンスを受け取るために、お願いは不要です。

お願いしなくても、常にメッセージは手元に届いているからです。

「もう受け取っているものに私が気づけるよう助けてください」

という祈りをいつも心に抱いていたいです。

そのようにして愛を信頼する練習を積んでいきます。

自分で自分を助ける

ホーリースピリット、今日一日、自分のいのちが、この身体が、奇跡を経験するために使われますように。神の子たちと、兄弟姉妹たちと、奇跡を分かち合うことに使われますように。そのように、「私の心が選択している」という覚悟を忘れないように助けてください。そして、奇跡が訪れた時に、私がそれを見逃さないよう助けてください。

ありがとうございます。

皆さん、こんにちは。前回の宿題、いかがでしたか。難しかったですか。リアクションしない。何かの事態が生じた時に、心の中に非難とか罪悪感とか足りなさとか、「私が悪かったのではないか」とか「いや、あなたが悪い」とか、そういう文句や不安や迷い、そういうあれこれが浮かんできたこともあったのではないかと思います。

ある問題を誰かのせいにしたり、相手の考え方の間違いにしたり、相手の性格の歪みにしたり、相手の足りなさのせいにし、または、それをひっくり返して、自分のせいだとしませんでしたか。

それから、「ハロー」は続けてできていますか。「そんなのとっくにわかっている」と思っていても、できない時はできないでしょう？　じゃあ、その、できない時ってどんな時なのでしょうね。

できない時はできないのですね。できる時は「している」「できている」と思うのだけど、できない時はすっかり忘れています。そこに気づくことが大事なのですけど、いかがでしたか。

前回のクラスが終わった直後に、「今年最大級にブチ切れた」というコメントをいただきました。それから、「リアクションしないということをすっかり忘れて、お友だちとの会話でリアクションの応酬になって、熱くなって、戦闘モードに突入してしまいました」という素敵なコメントもありました。気づくことが大事なので、戦闘モードに入ってしまっても気にする必要はありません。百万回入っても。毎日入っても大丈夫ですから。「あ、自分は入っちゃったな」って気づくかどうかですから。

それを何とか取り返そうとか、取り繕うとか、どうしたらいいだろうと思う必要は一切ありません。気づいた時に、「あれは戦闘モードだった。そうである必要がないのだな。この続きをしなくていいのだな、もう」ということだけを思い出せばいいのですね。


「助けてあげたい」というコメントがありました。誰かを助けてあげたい。皆さんの中にも大勢いらっしゃるでしょう。もちろん助けてあげたいですよね。

そのためには、まずその思いを逆にしたいです。「助けたい」とは、誰を助けたいのか？　弱い人を？　自分より弱い人を、強い自分が助ける？

そうじゃないですよね。皆強いし、皆完璧なのだから、あなたが助けなければならない人なんていません。

だから、「助けてあげたい」と思いこんでいる、つまり間違ってその人を見ている自分自身を助けなきゃいけない。助けてあげたい人がいるというのは日常的にあるだろうけれども、その都度、「助けたいのは自分だった」と、ひっくり返すことです。

コミュニケーションについてのコメントもたくさんいただきました。

コミュニケーションについては次回やりますけれども、「ハロー」と言う時に人に「ハロー」って言うのではなくて、ホーリースピリットとホーリースピリットの交流、イエスと仏陀の交流、八百万の神々のおしゃべりっていう感じでする。絶対の叡智にごあいさつを送る。

つまり、必ず相手の光に話すのです。エゴの部分に話すと、相手は弱くて足りなくて傷つきやすいからこんな言い方したら相手が傷つくのじゃないかとか、そういうことを考えながらやりとりすることになるけれど、そういうのは一切やめて、相手の光に話すということです。

「エゴは癌細胞まで作り出せるのでしょうか」というご質問もありました。

もちろんです。エゴは癌細胞も作ります。形あるもの、肉眼で見えるものは例外なくエゴの産物です。

今日は身体をどう使うのかということに入っていきたいと思います。来週は最後ですが、奇跡について。正しいコミュニケーションがあるとそこに奇跡が生まれるので、コミュニケーションと奇跡については次回、集中してやりたいと思っています。

身体というのは、愛の配達のために使えます。これが今回のテーマです。愛を配達するのは身体。だから、配達のスタンプ、印鑑を集めてくるのが身体ですね。この印鑑とは何かっていうと、奇跡です。愛を配達すると奇跡が生まれるので、そのスタンプを集めてくるという感じですね。

テイク・アクションとゆるし

さて。宿題の続きです。

だいたい、自分が怒りとか罪悪感とか、自分の弱さとか足りなさで反応すると、その反応は相手のエゴに返ります。そして、エゴとエゴの応酬になります。リアクションの応酬になりますよね。そして、お互いに気まずいモードになりますよね。私たちはそうではなくて、何がきてもテイク・アクションしたいのです。

何かが起こった時に、リアクションしてもいいから、その後「そうだ、愛だった」と思い出すことが日々の練習です。この練習をしているとやり方のコツがわかってきます。

それは、有効に練習するために、あらかじめスピリットに意識をセットしておくこと。朝、ここにあらかじめセットしておくと、朝のニュースとか昼のニュースで何かがあっても、ここから見ることができるから。

一回リアクションした後にスピリットに戻るというのは、なかなか大変です。「戻らなきゃ」と思っても、戻る前のエゴの力を強く感じてしまって、一度怒りが出てきたら、一瞬にしてその怒りが収まるということは滅多にありませんよね。今しがた知覚してしまったものが、リアルに、生々しく迫ってきて、反応が治まりません。身体も震えているかもしれません。

あらかじめスピリットに戻るということをやっておくのが、いちばん効果的です。そのためにワークブックレッスンがあるわけです。

「テイク・アクション」とは何かというと、一言にすれば、「ハロー」を言うことです。

「ハロー」を送ることは要求しないこと、でしたね。「あなたに私は要求しません」それから、「攻撃しません」ってことでしたね。要求しません、攻撃しませんというのが、テイク・アクションです。

「リアクション」は、常に、どうしたらいいだろうか、どのように言い返したらいいだろうか、どのように考えたらいいだろうかというような行動を伴います。

一方、テイク・アクションは、要求もしなければ、攻撃もしないということを思い出すことです。そして、相手の中に光があることを、相手が神の子であることをただ思い出す、それだけです。


反応しない、要求しない、攻撃しないということが葛藤のない平和な心なのですよね。そうですよね？　葛藤がない心というのは反応しない心であり、要求もしない、攻撃もしない。

これは、自分に対しても要求しない、自分自身にも攻撃しない。つまり、平和な心なのです。

取り消しによって安らかになる

ということは、「テイク・アクション」というのは実を言うと、取り消しのことなのです。今までやってきたさまざまなことをやめること。これがこの世における唯一、意味のあるアクティブな心の行動です。積極的な心の動かし方です。テイク・アクションするというのは、リアクションをしない。いろんなことで反応をして生きていかない。「自分はこれ」と決めて、「それだけを見る」と目的を定めて、それ以外は一切受け付けない。それ以外は取り消すということです。

取り消すということと、葛藤のない平和な心っていうのは同じことで、取り消しというのはもちろん、ゆるしのことでもあります。

ゆるしは、攻撃したり要求したり、何とかしようとしたりしません。それは過去の自分の心の過ちと認めます。

だから、ブチ切れて戦闘モードになってしまった友だちとのことは、自分の中で取り消したいです。取り消したい、ゆるしたいです、助けてください、と祈ることを通して、奇跡と癒やしがもたらされるのですね。

テイク・アクション（実のある言動）とは、コースでは、取り消しのことです。「その後はどうしたらいいでしょうか？」と聞かれるのですが、その後はありません。取り消しだけです。取り消すなら、愛が、意識と関係なく、自由に羽ばたいているのを知覚することができるからです。愛には助けが要りません。でも、愛を目撃するための澄んだ、素直な視線は不可欠なのです。

実を言えば、助けてとお願いしなくても、奇跡と癒しはすでにあります。私たちは、あらかじめ癒され、ゆるされているので、そのことを自覚しているなら、「今、自分には見えていないけど、ほんとうは自分を守るために攻撃したり闇雲に行動したりしなくていいんだ」と受け入れられる。つまり、「わからないけれど」「見えていないけれど」「それがどんな経験か知らないけれど」受け入れます、と、空の両手を開いて宣言することが、癒しを受け入れるということになります。

安らかになる、葛藤のない平和な心でいるということは、リアクションをしないということ。また、「ハロー」を言うこと。「ハロー」は象徴です。また、実践的なものです。要求も攻撃も必要ありません、なので、「いたしません」という明快な宣言です。ほっとさせてもらう、ほっとする出来事が起こるなどのことは癒しとはあまり関係がありません。でも、ほっとしている時こそ、真実を受け入れやすくなっていますから、そこから、意欲を引き出すといいと思います。

安らかになる、葛藤のない平和な心になるというのは、リアクションしないということ。そして、「ハロー」を言うこと。「ハロー」というのはシンボルでもあり、実践的なものでもあるけれども、要求や攻撃はしません。それが完全に安らいだ平和な心を作ります。

コントロールを超えたところに奇跡がある

奇跡とは習慣である、意図せずに起こるものです。意識的なコントロールのもとに置かれるものではありません。（T-1-I-5）

奇跡というのは意図せずに起こるものです。「こうしてやろう」とか、「こうすると、こんなふうにお金がたまる」とか「お金が入ってくる」とか、「こうするとこの重病も完治する」とか、そういうのは奇跡じゃないですよね。奇跡は思いがけないことだから。

つまり、意識的なコントロールの下に置かれる奇跡はないわけですね。自分が意識してコントロールしたもののことを奇跡とは言いません。「うまくいきました」とか、「よく頑張ったと思います」とか、「自分を褒めてやりたいです」。そういうことはあるかもしれないけども、「奇跡を起こしました」とは言いません。奇跡というのは、思いがけず遭遇すること、自分でコントロールできないものです。奇跡は、目撃するものです。

奇跡のもとに自分を運ぶには、自分の身体を自分でコントロールしようとすることをやめなければなりません。私たちはものすごく低いレベルで生きていて、まず、身体が病気になったり、身体にいろんな支障が出るのは、自分のコントロールの仕方が良くなかったからだと決めています。または、何らかの外的要素の被害としての症状だと考えます。不摂生だった、食べ過ぎた、飲み過ぎた、働き過ぎたなどと思ってみる。それで、「もっとちゃんと自分をコントロールしなきゃ」と思うかもしれない。でも、そのように問題のありかを自分で特定しようとしていると、奇跡からは遠く離れています。

奇跡は、意図せずに起こるものですけれども、意図せずに起こる思いがけない奇跡を、自分で受け取る用意をすることによって受け取り続けることは可能です。そして、それは受け取り続けるべきものなのです。何故かというと、それが私たちに与えられたほんとうの性質だから。私たちは奇跡を受け取る存在だから。それがいのちだから。

だから、自分で自分のいのちをコントロールしようというところにとどまっているということは、思いがけない奇跡を自分で受け取り続けるのは可能だといういのちの性質を、自ら拒絶していることにもなるわけです。

だったら、コントロールしなくていいのか？　食生活に気をつけたり、道を渡る時に車に気をつけたり、安全運転を心がけたり、そういうことはしなくていいのか？　そのような問いに意識を戻すのをしばらく止めて、これからお話しすることに疑問を運んでくる前に、よく聞いてみてください。いいですか。これはほんとうによく聞かないとわかりにくいところかもしれませんので、聞いていてください。

奇跡というのは、自分でこうしてこうすると、こういう奇跡が起こるはずだというふうにはいえないもの。

つまり、どんなふうに奇跡が来るのか計り知れないということですね。これをまず、受け止めていてください。

そして、

奇跡を手当たり次第に行えるのは私だけです。あなたの役割は、これから私が述べていきます。あなたが、どんな奇跡を行うのかは、私に尋ねて下さい。それによってあなたは不要な努力をしなくてすみます。奇跡の導き手は指示は与えますが強制はしません。従うかどうかはあなたの自由です。

(T-1-III-4)

ここで「私」とは、イエス・キリストのことですが、「ホーリースピリット」に置き換えてもいいのです。手当たり次第というのは、あれもこれも奇跡にするということです。あれもこれも奇跡にしてしまうことができるのは、キリストだけです。「あなたの役割は、私がいちいちあなたに伝えていきます」と言っているのです。

ホーリースピリットだけが、あるいはキリストだけが奇跡を行えるので、そして、その奇跡を行うためにはあなたの身体が必要なので、あなたがどうしたらいいのかについては私が述べていくから聞いていなさい、と言っています。

だから、あなたがどんな奇跡を請け負うことになるのかは、とにかく私に任せておいてください。そうすることによって、あなたは一切の無駄な努力をしなくてすむからです、と言っています。

そして、奇跡の導き手は、これはつまり、イエスは、ホーリースピリットは、ということですね。ホーリースピリットは指示は与えます。でも、強制はしません。従うかどうかはあなたの自由です、と。

この事態を、たとえば、今こうなってああなってというふうにそれぞれの状況がありますよね。それで、その時々によって、これは自分で何とかできるとか、これは時間がかかるけど何とかできるという状況もあれば、もしくは、手に負えないな、どうしよう、という状況もあれば、もう死にたい、これじゃもう駄目だと打ちひしがれる状況もある。そのすべてを、どんな状況でも、ホーリースピリットは奇跡にできる。これをまず覚えていてください。


でも、ホーリースピリットがそれをやるためには、私たちがそれを受け取らなくてはいけない。導きに従わなくちゃいけない。その導きの声に耳を傾けなくちゃいけない。たとえば、どんなひどい状況でも奇跡に変えてくれるのに、それを見ないで嘆くことに自分の意識を全部ささげていたら、奇跡は見えませんよね。見えないということは、奇跡は起こらないということです。

たとえば、自分が鬱々として家に引きこもっていて、「私はもう駄目だ」と思っている時に、ホーリースピリットが手を差し伸べてくれて、ホーリースピリットが友だちに奇跡の役割の一端を指図して、友だちが「今日は天気がいいからお茶を飲みに行こうよ」って誘ってくれるとする。これは明らかにホーリースピリットの誘いですね。そう受け取ることで、確かにホーリースピリットの贈り物となります。

ホーリースピリットは、そのもうひとりの神の子である友だちを使って、この二人に奇跡を共有させようとしているかもしれない。その時に、「もしかしてこれもホーリースピリットの導きかもしれない」という心の窓が開かれていれば、私は何日も外に出てないけど、すごくつらいけど、でも、ちょっと出てみようかな。あの人と一緒だったら、もしかしたら、緊張しなくてすむし、甘えられるかなと思って外に出る。そして、二人がどこかで会うと、そこに何かが起こるかもしれないですね。そしてそこで起こることが自分自身にも大きな転機をもたらすかもしれないし、何故かそのお友だちにも大きな転機をもたらすという、双方が喜び合える奇跡になることもあるわけです。

何故奇跡になり得るのか？　ひとえに、あなたが、「この友だちと一緒にいるようにとホーリースピリットが誘ってくれた」という安心感と共にあるからです。そしてもちろん、「でもやっぱり出かけられないな」と心がすくんだら、それもそれでいいのです。ホーリースピリットは決してあなたを罰したり、マイナス点をつけたりしませんから。

常にホーリースピリットに尋ねる

奇跡は必ず起こります。どんな状況でも必ず奇跡になります。奇跡にならないとしたら、自分が拒んだからです。耳を傾ける努力をしなかったのではなく、エゴの、耳をふさぐ努力の方に加担することを自分で選んだということなのです。だけど、あなたがもし耳を傾けるならば、あなたがどうしたらいいかは、ホーリースピリットが伝えていくので、それをやっていればいい。コースは、そう言っているんです。

「**だから、私に尋ねなさい。**」とテキストにありますね。毎朝、「今日どんな奇跡を行うのか教えてください。それに従うつもりです」と。自分の覚悟というか、今日の思いをあらかじめホーリースピリットに伝えておくんです。あらかじめやっておけば、一日が無駄になりません。「決心がついています」ってことを伝える。そうすると、どうしたらいいだろう、ああすればうまくいくかな、などと自分でコントロールしようとする動きが要らなくなるんです。

自分で頑張って努力をして、疲れ果てながら何かをコントロールするその結果と、無駄な努力の一切を廃して奇跡を受け取るという決心によって奇跡の結果を受け取るのか、どちらの一日にするかなのです。

奇跡の導き手であるホーリースピリットは、指示は与えます。でも、強制はしません。従うかどうかはあなたの自由です。

だから、ここが、愛の愛たる所以なのですが、エゴの考え方に慣れている私たちは、「どうせだったら強制してよ」と思ってしまうのですよね。「そこまで保証しておいて、従うかどうかあなた次第で、そこまで私は責任もてません、なんて言わないでほしい」という その思いが、エゴの考え方なのです。エゴは常に強制してきたから。「やらないと罰を受けますよ」というやり方を私たちは受けてきたから。だから、「強制しません」と言われると冷たい感じがするのですね。「奇跡はあります。保証します」とテキストに繰り返し出てきても、ありがたいと感じるどころか、「少なくとも自分には、来ない」という思いが優ってしまうのですね。

でも、よく考えてみてください。絶対に奇跡は起こる。そして、そのために私たちの身体がどこにあるべきか。自宅にいるべきか、外のどこかの通りにいるべきか、会社にいるべきか、それともどこかに旅行しているべきか、誰といるべきか、これ全部が導かれています。導かれていさえすれば、その奇跡は受け取ることができます。けれども、それに対抗して、いや、「今日は自分はこうしたいんだ」とか「いや、それはしちゃいけないと思う」とか、「そんなことまでホーリースピリットがわかるわけがないだろう」とか、あるいは「私には私の都合がある。その辺りの都合や兼ね合いはホーリースピリットでもわからないでしょ」とか。コースは、「そうやってもいいですよ、別に。それはあなたの自由ですよ」と言っています。

宇宙や神の王国がどういうところかというと、奇跡が起こるところです。何故奇跡が起こるところなのかというと、身体という、エゴが作ったものを私たちがもっているからです。王国にあるのはただひたすら平和と愛なのだけれども、身体があるからそこに奇跡が起こったわけです。エゴがあるからホーリースピリットが登場したわけです。身体というのは奇跡のためにある。これは素晴らしいニュースです。

そして、その奇跡を受け取るためにあなたの身体がどこで何をしていたらいいのか、それを全部言うから聞いていなさい、とイエスは言っているのですね。その奇跡のためにあなたは努力しなくていい、こういう書き方をしているけれども、実を言えば、奇跡のためにあなたはがどんな努力をしても無駄ですよということを言っています。

あなたの努力は奇跡に結びつかない。だから、まずその無駄な努力をやめること。無駄な努力をやめて、奇跡を受け取る努力に戻ってください。どのように戻るかというと、「私に尋ねてくれればいいのだ」とイエスは言っているのです。

この「101クラス」では、テキストの最初の方を中心にやっているけれども、テキストの一章、六節の第四段落目は段落全体をぜひ読んでください。

もし皆さんの中にグループで勉強会をやったり、シェア会をやったりしている方々がいたら、この段落を皆さん一緒に読んでください。

あなたは、自らの恐れがもたらす結果を自分ではコントロールできません。何故なら、あなたが恐れを作り出したのであり、あなたは、自分で作り出したものを信じるからです。

(T-1-VI-4:2)

あなたがどんなに努力しても、それは無駄なのだと本当に受け入れたいです。何故ならば、あなたにコントロールできないから。あなたが恐れを作り出したのであり、あなたは自分で作り出したものを信じるからです。

つまり、これをたとえば病気のことに当てはめると、あるいは癌細胞に当てはめると、それは自分の恐れがもたらした結果です。癌であるとか病気であるとかを、あなたが自分の力でコントロールすることは不可能です。何故ならば、あなたが自分で作り出したものが何であれ、それが病気であれ、破産宣告であれ、何であれ、自分で作り出したものなので、幻想ではなく実際に病気だ、破産だ、と信じるからです。自分で幻想だと思えないものは、変わりません。

だから、自分で奇跡を起こすなど不可能。そこに〝ひどい結果〟〝ひどい状況〟を見て、「ひどい」と判断し、それは現実だと自分で信じてしまっているからです。実在だと思っているなら、つまり、「ここに壁がある」と思っているなら、それはいつまでも壁です。

でも、「この壁は幻想だ」と思えば、壁を通り抜けることができますね。

病とは、真実に対する防御です。（W-136）

ワークブックで、このようなレッスンがありますが、自分を守ろうとするということ、要求すること、攻撃するということとは同じです。そして、自己防御、要求、攻撃を身体に投影するなら、身体は素直にそれを映し出して、何らかの愁訴を訴えます。要求や攻撃をすべてやめて、「ほんとうに何も要求することはない、何も言うことありません」という状態が幸せな心ということなのですね。我足るを知る、ですね。

そして、自分が何か反応することがあったなら、それは自分の恐れから出たものなので、もう一回戻るわけですね。その反応を取り消して、安らかな心に戻る。それをすることで、奇跡を受け取る準備ができます。自分ではできないということをほんとうに受け入れることとです。

考え方を変えてみるとか、見方を変えてみるとか、そのようなやり方では遠回りであるばかりでなく、解決はないということです。

探しなさい、しかし、見つけるな。
(T-12-IV-1:4)

ということになります。

これが、エゴが絶え間なく発している命令です。見つけるなというのは、「探しても見つからないけどね、だからいいんだよ、死ぬまで探していらっしゃい」と言っているのです。自分で物事を判断し、コントロールしている限り、出口はないということなのですね。

取り消すことだけが私たちの仕事

それでは、こちらはどうでしょうか。

あなたが選択した恐れを私がコントロールすることはできませんが、あなたが自分で

コントロールすることは可能です。（T-2-VI-1:4）

あなたは自分の恐れで何かを作ってしまったのだから、それをコントロールすることなんてできません。あなたが恐れによって作ったものを、キリストやホーリースピリットがあなたの代わりに取り消すことはできません。何故ならそれはあなたの自由だから。でも、あなたが自分で取り消そうとすることは可能です。そういう意味なのですね。

何故ならホーリースピリットは、あなたが選んだことを勝手に変えたりするような強制はしないからですよね。でも、あなたが自分でこの恐れを「取り消したい」と願うことは可能です。いいですか、この段落はそういう意味です。

つまり、「恐れは実在しちゃっていて、ホーリースピリットさえ手の出しようがないなんて、そんなこと言わないでください」と私たちは思っている。キリストやホーリースピリットがあなたの恐れを消すことはできないけれども、あなたがそれを「消したい」と思うことは可能です。

あなたが自分でそれを「消したい」と思うこと、「それだけがあなたの仕事です」と言っています。私たちフレンズには副業がいろいろあるかもしれないけど、「私たちの本業は取り消すことだ」って決めませんか。私たちの仕事は、取り消すこと。私たちの職業は一緒。皆で奇跡のスタンプをたくさん集めて、豊かになりましょう。

副業はさまざまあってもいいけれども、その副業は何のためにあるのかというと、全部が、奇跡のスタンプを集めるための機会、チャンス。そういうふうに考えてみませんか。取り消すことだけが私たちの仕事。それだけが私たちに任されている。だけど、「あなたがひとりで勝手に取り消しなさい」と言っているのではなく、「取り消したいです」という願いを通じてホーリースピリットとつながることで、聖なるコミュニケーション、そして聖なる同意ができます。「取り消そうね」と〝同僚同士の協力〟が生まれます。

ホーリースピリットのコントロール、ホーリースピリットのガイダンス

ホーリースピリットがコントロールすることと、ホーリースピリットのガイダンスは

違います。これはとても大事なことです。ホーリースピリットは常に奇跡を見せるというのが、ホーリースピリットのコントロールです。絶対にそうなのだから、言葉もなければ、説明書きみたいなものもありません。

ホーリースピリットのコントロールは、全部、愛です。そして、私たちが、その愛に気づく時、それは奇跡として目に映ります。というのは、ホーリースピリットの先導で見る時、すなわち、肉眼の代わりに心眼、ビジョンで見る時、私たちの〝ありのままに見る〟ことが初めてできることになるからです。

ホーリースピリットは、エゴが作り出したものであふれている、想像の産物、幻想の世界のあらゆる生命を無駄にせず、あらゆる魑魅魍魎を奇跡の道具に使って、ありのままの実在の世界を見せてくれます。

ホーリースピリットのガイダンスというのは、お友だちから電話がかかってきて、「散歩に行かない？」と言う。これ、ホーリースピリットのガイダンスですよね。ほんとうにそうでしょうかという疑問が湧くかもしれません。ほんとうにたまたま友だちが「散歩に行かない？」とか「お茶しない？」っていうのはガイダンスなのか。もしかしたら、さらに自分を突き落とすためのエゴのストーリーなんじゃないか。何がホーリースピリットのガイダンスで、何がそうじゃないか。「どうやって見分けたらいいでしょうか」というご質問があるけれども、誰かがお茶を飲みに行きましょうと誘ってくれた時に、これはホーリースピリットのガイダンスだと受け取って出かける。または、実は確信はもてなくても、そうであるはず、そうだったらその証を目撃できるはずと思って出かけてみるといいですね。ホーリースピリットのガイダンスというのは、ホーリースピリットの導きを感じている時に有効になるものなのです。

ホーリースピリットは、たとえば、奇跡のためにあなたはどうしても福岡にいなきゃいけないとか、あなたはどうしても大阪にいなきゃいけない、というようなことは言いません。ホーリースピリットは、あなたがどこにいても奇跡にできるので、わざわざ私たちの身体をあちこちに移動させたりしなくていいのです。私たちがホーリースピリットの導きと共にいることを思い出すことだけを、ただひたすら待っているのです。

なので、誘いが来た時に、「ホーリースピリットのガイダンスに違いない。ホーリースピリットが導いてくれている」という思いでお茶をすることによって、そのガイダンスは奇跡として表現されるでしょう。

いったいどんな奇跡が？

私たちの想像をはるかに超えて、無数の可能性があります。その時に、自分が最も必要としているものを目撃することになります。喜びは、もしくは「センス・オブ・ワンダー」と言ってもいいですが、それはカフェに出かける路上で経験するかもしれないし、カフェで見かけた人から来るものかもしれないし、友人との間で起こることかもしれません。そしてその奇跡から受け取るあなたのメッセージは、「ほんとうだ、ホーリースピリットは確かに私を導いてくれている」と感じることかもしれないし、友人との間で、ほんとうに安心できる心の優しいつながりを経験することかもしれないし、その他にもあらゆる可能性があります。

あるいは、誘いを受けても、お茶をしに行くのがほんとうにつらくて嫌だなと思う時もあるでしょう。その「嫌だな」という自分の心に正直になって、「ごめん、まだ出かける気分になれない」と返す。そして、ホーリースピリットと共に自宅にいても、それはガイダンスを受けたことになるわけです。

何をするかがガイダンスの目的ではないのです。ホーリースピリットが導いてくれているということを思い出した時に、私たちはホーリースピリットのガイダンスが届いているということになるのです。

そして、ホーリースピリットのガイダンスを受け取る経験を積み重ねることによって、私たちは、ホーリースピリットがコントロールしている愛の奇跡を受け取る器になっていくのですね。それが、自己教育です。楽しい学習です。

今日は、私の目にも、口にも、手にも、足にも、ひとつの目的しかありません。キリストに委ねられ、この世界を奇跡で祝福するために用いられることです。キリストと私は、目的においてひとつにつながっているので、何ひとつ私だけのものはありません。

（W-353）

身体は、エゴの最大の武器です。エゴは、身体を使って、「ほら、君の生命は脆弱で、短く、どんなに注意していても、君の生命の源である身体は、いつか君を裏切るよ」と囁き続けます。

何より身体が実在しているように見ている間は、私たちは一人ひとり、分離しています。私とあなたは違う存在です。完全にはわかり合えない存在です。それぞれの目的、夢、希望は別の方を向いています。現実には、ひとつの心しか存在せず、身体は幻想の中で浮かび上がっているだけです。

私は身体ではありません。私はスピリットです。私は自由です。（W-199）

とはいえ、相変わらず私たちは身体を知覚し、自他の身体の不具合をしょっちゅう見ています。

「どうしたら、身体を知覚しないで、スピリットだけを見ることができるのだろうか」「では、どのように身体を扱ったらいいのだろうか」

というような問いかけが喉元まで出かかっているかもしれませんが、そのような問いの立て方は正しくありません。

私は、心から、この人の真の姿を見たい、受け入れたいと願っているだろうか。

これが、常に心の中心にある問いであるべきです。

この祈りの心だけが、癒しへ至る道に私たちを戻してくれるからです。

そしてまた、ホーリースピリットは、エゴの産物である自分の身体をも、愛のためだけに使うことができます。エゴの幻想が愛の道具になる時、奇跡が起きるのです。すなわち、私たちは、自他の身体を、完全にホーリースピリットの光の元へ運び出すことができるのです。

ウォーキングのレッスンでは、「足で歩かず腰から歩く」と言われるのではないかと思いますけれど、それと同じです。

自分で身体をどう使うかを決めず、自己の内なる光、ホーリースピリットの力によって動く。どこに行くか、誰に会うか、何をするか、何を喋るかなど全部、ホーリースピリットによって、つまり真の自己の光によって決める、ということなのですね。

キリストの目的に使えるように、キリストと共に働きます。私自身というものを完全に取り消して、真の自己の中で、キリストこそ私の真の自己に他ならないことを認識します。今日は、私の目にも口にも、手にも足にもひとつの目的しかありません。

その目的とは、この世界を奇跡で祝福するために用いられることです。

この身体は奇跡に使われるようにできている。奇跡に使われることによって、あなたはこの身体と共に、身体があることによって、ほんとうの世界を、他の兄弟姉妹と喜び合うことができる。祝福し合うことができる。そのように言っています。

身体があることによって、「ハロー」と挨拶を送ることもできるし、身体があることによって取り消しという自分に与えられた役割を、仕事をすることができる。つまり、私たちの本業は決まったわけですね。「自分で何がやりたいかわかりません」「どうやって生きていったらいいのかわかりません」というこの迷いが、ここでなくなったわけです。私たち全員が同じ仕事をしているわけです。

私の声を聞いてください。過ちを取り消すことを学んでください。訂正のために行動してください。奇跡を行う力があなたの内から現れます。

(T-1-Ⅲ-1:6)

これはコースの中でも大事な一文と言えます。私の声を聞きなさいということと、私がここにいることを思い出しなさい。私があなたと共にいること思い出しなさい。これらは同じことです。取り消すことを学びなさい。訂正するために行動しなさい。過ちを取り消すことを学ぶ。これは、反応しない、要求しない、攻撃しないことでしたね。自分の過ちについても反応しない、罪悪感を抱えない、あれこれ考えて相手を攻撃しない。

もともとあの人はどうだった、ああだった、と、過去をもち出して、その過ちをいつまでも自分の中に実在したものとせずに、取り消す。それを学びたいのです。取り消すことは、ホーリースピリットに「取り消してよ」って言ってもしてくれないので、「私はほんとうに取り消したいのです」と伝えなければなりません。

そして、「訂正のために行動してください」とは、ホーリースピリットのガイダンスを受け入れるということ。ホーリースピリットのガイダンスとは、あなたが何をしていても、ホーリースピリットが共にいることで、あなたはホーリースピリットのガイダンスを受け取っていることになります。

たとえば、友だちとバトルを繰り広げてしまった。ものすごく後悔している。そして、その友だちには絶交を言い渡されてしまっている。どうしたらいいだろうか。絶交されたけれども、友だちのところへ行って謝ったほうがいいのだろうか。何かを贈ったほうがいいのだろうか。自分の心情を長々と綴るといいのだろうか。そういうことを考えるのではありません。
訂正のための行動なのに、もしも相手が天国にいたらどうするのでしょう？　もう亡くなったお父さんとお母さんに「ごめんなさい」をどう伝えるのでしょう？　相手に身体があると思うから、これもしなきゃいけない、あれもしなきゃいけないっていろいろ考える。でも、相手は身体ではないのだから、心なのだから。そして、相手を助けるのではなく、自分を助けるのだから。自分の心の中の過ちが取り消されれば、それですべては取り消されます。行動するということは、ホーリースピリットと共にあるということを〝する〟ことです。そうすると、奇跡を行う力が自分の中にあるということがわかるから。つまり、私の力があなたの内から現れ出て、あなたは奇跡を目撃することができます。これが、「神のメッセンジャー」という職業ですね。

ホーリースピリットと共にあることを〝する〟ということについて、もう少し詳しく言うなら、自分で決めて自分ですることは何もないけれど、ホーリースピリットがさせることには素直に従うということなのですね。「友だちと出かける、ホーリースピリットのガイドだから」または、「ホーリースピリットの誘いだとわかっているけど、できない。やっぱり行けない」。前述の例ですが、どちらでもいいのですね。バチが当たるということは決してありません。必ず、それも即刻、別のお誘いがきますから、逃したら大変だと思う必要はないのです。たとえば、「コンビニにアイスクリームを買いに行きましょう」「昼寝してみましょう」のようなことかもしれません。そしてそれらは、自分の心の内側から、感覚としてやってくるものだということも覚えておいてください。

ホーリースピリットの声を聴き、受け取り、受け取った証としてそれを分かち合う。その三つができれば、あなたは奇跡の目撃者でいられます。

癌細胞はエゴが作ったのでしょうか、というご質問。もちろんそうです。でも、健康な細胞もエゴが作っています。病気の身体もエゴが作って、健康な身体もエゴが作っているということです。全部、エゴです。ホーリースピリットにとっては、健康になって良かったとか、病気になって駄目だねとか、そういうことはありません。すべてが等しく、奇跡の道具です。

だから、身体の状態に意識を置きっ放しにせず、こうして、学んだところへ意識をぐいっと上げる。トランスフォームする。移す。これが身体の使い方であって、これが奇跡を招く器の作り方です。

私たち全員が毎日、ひとつの職場に通っています。ホーリースピリットの下に集結します。ホーリースピリットは奇跡のコントロールを完璧にしてくれます。

自分のあらゆる思い込み、信念、勘違い、エゴが作り出したものに対するあれこれ、「自分でコントロールしなければ」と思い込んでいる習慣、そういうものを全部、取り消したいですね。

そして、ホーリースピリットの導きに従って、いつもホーリースピリットの導きがあることを忘れないでいましょう。何をするにしても、ホーリースピリットの導きがここにあることを覚えていましょう。ありがとう。

Session 5

自分で自分を守らねば！　と他者を警戒している時、
ハート（愛）は閉じ込められていて目撃できません。
愛など信じられません。
ハートは、自ら活性化し、引き出し、目に見えるようにしなければなりません。
救いも癒しも、誰かがやってくれるものではないからです。

愛のスタンプ

ホーリースピリット、私が誰かに「手を差し伸べたい」と思う時、それは、「私の心に手を差し伸べてほしい」と願っていることだということを思い出させてください。その人を「助けたい」と願う私の心を、私の思いをすべて、あなたの手に委ねます。あらゆる思いを差し出します。そして、あなたが私にさせたいことがあるならば、私はそれを完全に受け取り、そのようにします。あらゆる疑い、迷い、計算、恐れを脇に置き、すべてそのとおりにします。

ありがとうございます。皆さんこんにちは。フレンズで、そして、同僚の皆さんこんにちは。

楽しく働いて、豊かになってくださっていますか。私たちの本業は取り消すこと。そして、そこに肩書を付け加えるならばもちろん、ミラクルワーカー、ヒーラー、コース学習者、神の教師、いろんな言い方がありますね。

イエスがヘレンに、「あなたはコロンビア大学のプロフェッサー（教授）です。プロフェッサーがどんな意味か知っていますか。自分がほんとうに知っていることをきちんと表現する人です」と言ったことがあります。ということは、プロフェッサーというのも私たちの肩書ですよね。そのように思ってくださっているとうれしいです。

今日は、101クラスの最終回です。皆さんの中には、「やっと終わった、これでわかったというふうにしてもらいたい」と期待なさっている方もいるかもしれませんが、これで終わりにはならないのですね。

「ああ！」と気づいた時、そこが始まりです。気がついた時というのは、新しい世界の赤ん坊だから。

いつも赤ん坊として生きるというのは素晴らしいことで、たとえば、私がニューヨークに移住した時は、ほんとうに赤ん坊でした。その赤ん坊であることの喜びっていうのをほんとうに味わいましたけど、気づくたび、「ええ!?」という驚きと共にまた赤ん坊になりました。そこから育って、そろそろ幼稚園も卒業したつもり、小学校も卒業したつもり、大学院でも入ったつもりの時に、また、「ああ！」って赤ん坊に戻るんですよね。それはほんとうにすてきなことで、常に私たちは、気づいては赤ん坊に戻り、新しい世界を真新しい目で眺めます。そういう繰り返しでいたいなと思っています。

この101のコースが終わった後に、オンラインコースの第四期が始まりますが、基本はすでに押さえてきたので、経験の積み重ね方とか、真の自己と、そして個性をもつ自分という知覚の中の世界との関わり方などについて扱っていく予定です。たとえば、心でつながっていることと、そばにいるとうれしいよねという関係、これはどういう関係なのか、どういう幸せがこの関係の中にあるのかということなどです。

あるいは、真の自己と共にいることによって、どんなふうに個性が変わってくるのか。個性が変わるっていう言い方も変だけれども、個性に違いが出てくるとか、それから人生が変容してくる、そういうことを確認していきたいと思っています。

心のドアを開けていくということ。問題があるたびにそこに愛のスタンプを押して、そのスタンプがあるドアを開けていく。そして気づき、赤ん坊に変わる。ここに人生のスパークがあるのですね。スパーク、つまり光のきらめき、パチパチと弾ける美しいものがあるわけですね。このスパークがなければ、人生はだれてくる。だれてくるというのは、「きっとこんなもんだろう」っていう傲慢さが出てくる。何を見ても今までの過去の知識でジャッジしてしまうわけですよね。だから、スタンプというのは、愛のスタンプ、つまり愛の受け取りサインをもらうことでもあり、それがゆるしの経験を重ねるっていうことなのですね。

自分を罰する代わりに置き換える。「ごめんなさい」と自分を罰したいと思う。「私が悪かった」「私のせいだ」と思う。私のあの時のあの行いが……ということが、繰り返し自分の心の中によみがえってきてしまう。それを、その時に放置しないで置き換えていく。

「置き換える」っていうのは、それを愛に運ぶこと。自分の罪の意識、自分の恐れ、自分の疑いとか迷い。それから、「どうしたらいいだろう」とおろおろする。そういったことのすべてを、愛に運んでいく。荷物の配達をするたびに、愛の受け取りのサインをもらってくる。これがゆるしです。愛に運ぶと、受け取りのサインが来ます。どういうサインかというと、奇跡のサインです。これは、この基礎クラスでやってきたことの一部ですよね。

サットサン

大勢の皆さんからシェアをいただくと、「それに支えられています」というコメントが必ずつきます。どなたかからの質問は、大勢の方の疑問を解決してくれます。質問でもシェアでも、途轍《とてつ》もない力をもっています。それがつくづくとわかるようになることが、このオンラインコース〈ACIM101〉の最重要ポイントと言えるかもしれません。

「スピリットは、なんと優しいのだろうと心にしみました。どこまでも、どこまでも優しい。そのことを素直に深々と感じられるようになったことがうれしいです。『前にガイダンスで伝えたよね？　それに従わなかったのは自分だよね？　今苦しいのは自己責任だよね？』とスピリットに言われるような気がしてずっと怖がっていた。そこまで言うなら、強制してよ、一度奇跡を味わわせてよ、というのもずっと思っていた。エゴってほんとうに可笑しいです。同業者のお仲間がたくさんできて、とてもうれしく幸せです。ありがとうございます」というシェアがありましたね。ほんとうにありがとう。

「コースに出会った頃、病気の兆候が出始めていました。癌治療が始まり、仕事は大幅に減らさざるを得ない状況になりました。

癌に何が効くか。どんな食べ物がいいか。効果的な治療法は？　等々で頭がいっぱいになりました。スピリチュアルなことについても、他のレッスンをやろうかと考えていた頃、一日に三人の方を通して『今やっているレッスンを続けるように』ということを示唆するメッセージをいただきました。

それで覚悟をもってコースに取り組んできましたが、それでも、放射線や抗癌剤の副作用で、身体が思うように動かない、痛みで夜も眠れないような時、癌を忘れることなど不可能でした。

始めに、自分の中にある罪悪感、自己犠牲、それが今の病気の原因ではないかなど、病気を作り出した原因を探し始め、そのうち、さらにその元となっている〝ゆるし〟が大切だと気づきました。

その後、ゆるしに取り組んでいますが、身体との関係がよくわかっていませんでした。でも今日のレッスンの中で、ゆるすとは取り消すこと、恐れを取り消したいと願うことは可能、ということをはじめ、幾つもの気づきをいただきました。

今では、病気を発症したことが、多くの気づきにつながったと思っています。奇跡と思えることもたくさん起きていると感じています」

ありがとう。私たちは、フレンズで、同僚で、ひとつの心を生きているので、ひとりの同僚がほんとうに深く、そして、毎日、自分の身体が痛みとして、心を見つめる機会を嫌でも与えてくれる状況の中にいて、そこで受け入れようとしている。

そして、受け入れるために取り消そうと、ここまで真摯な思いでいる。そういう仲間がいるということは、自分がそうだということですよね。だから、自分の心に、このように真剣な切実な思い、願いがあるということを忘れたくないですね。それを思い出させてくれるフレンズのシェアは、ほんとうに優しい愛のスタンプだなと思います。

オープンな、正直な、ゆるしに至るプロセスのシェアに、皆で感謝しています。身体の症状があると、それに対応するために私たちはアタマを使い、情報を集めに奔走するという習慣を身につけてしまっています。症状は、心を使う、つまり、心の訂正をするためのドアだと思い出せたらいいのですよね。ゆるしだけが真に有効なアクションですからね。

「取り消しが本業、この取り消しが具体的にどうやったらいいのかよくわからないところがあります。たとえば、私を侮辱してきた人に怒り続けている。その人の言動を自分の心を自分に引き戻して、『私を侮辱し、攻撃するという想念を訂正してください』とホーリースピリットにお願いするのか。『私は神の子のスピリットを見ないで、言動を見て反応してしまいました。リアクションをしてしまった私を訂正してください』とお願いするのか。それとも、『私の絶対に過ちをゆるそうとしない想念を訂正してくださ い』とお願いするのか。『私は愛を連れて、自分や兄弟が愛であることを見ないように問題を作りだしています。この恐れを手放せるように助けてください。罪が実在していると思い込んでいる私を訂正してください』とするのか、どうなんでしょうか」

大事なご質問どうもありがとう。四つとも真摯なお願いですし、この四つはひとつのことをお願いしています。

「私がこういう思いをもち続けないで、その代わりに平安な愛の思いで心をいっぱいにしたいのです。でも、自分ではそれができません。なので、あなたに助けていただきたいのです」というふうに頭を垂れているということですよね。

どんなお願いの仕方をしても、「自分がそれをほんとうに願っているのです。それがほんとうの私の思いなのです。そして、ほんとうの思いを私はどうしていいのかわからないのです。でも、私の思いだけはわかっています。助けてください」ということです。「私は、あの人に仕返しをしてやりたい、何とかしてくださいではなくて、仕返しをしてやりたいという思いが自分の中にまだあります。でも、ほんとうの思いはそうじゃないことを自分でわかっています、助けてください」と言ってもいいですね。

「以前とあるコースの教師の方が、『最近起こった何かを見るのでなく、同じ思いをした幼少期を見る』ということを言っていました。とすると、『昔母親に侮辱され悲しんだ時にさかのぼり、この時の場面や悲しみを訂正してください』とお願いするのか、どのように具体的に取り消しをするのかがわかりません」

同じような疑問をもってらっしゃる方がいるかもしれないけど、その教師の方がおっしゃったのは、このようなことではなかったのではないかなと思いますけれど、どうでしょう。

最近起こった何かというのには、必ず同じ思いをした過去があります。それは確かです。昔、「自分が悪い」って思ったそのことを、今、繰り返しているわけです。「私は十分じゃない」「私は受け入れられていない、愛されていない」という経験をした。つまり、そのように自分で判断したことがあった。それをまた繰り返しているのですね。

それは何故かというと、昔感じた自分の感じ方を正当化したいからです。その意味で、最近起こった何かと幼少期の痛みは同じものだと、その方はおっしゃったのではないかなと思います。最近起こったことを見ないで幼少期のことを見ても、徒労でしょう。数え切れないほど繰り返してきているわけですから。

幼少期からさかのぼって過去世でも、それは繰り返されていたかもしれず、最初の小さな間違いは太古の昔だったかもしれず、それ以降ずっとそれを繰り返していて、その最新版が今、ここにあるわけです。

その最新版で、そこでカットする、正当化のための連鎖を断ち切るということができるのです。今まで年々と続いてきた罪悪感の歴史、罪悪感でつづってきた自分の人生風景を今、今日のこのレッスンで終わりにできるということなのですね。

今日終わらせるなら、未来が変わるし、過去も同時に変わるのです。未来と過去は同じように変わります。過去だけが変わって、そして、次に未来も変わり始めるのではなく、未来が変わり始めると過去も変容していくのでもなく、「今、ここ」を中心として、両方に広がっている過去と未来が変わります。「今、ここ」にしか実在はないからです。だから、最新版で取り消します。

今、目の前の人を、ゆるして、次に、幼少期から抱えてきた母親への重い感情をゆるす。そういうことではなくてね。「これは自分が犠牲になっているのではない、自分が作り出したこと、自分がまた繰り返していることだった」ということを理解できれば、そこで「取り消したい」という思いに素直になれます。そうすると、同じ思いをもって母親を見ることができるのですよね。その時に浮かび上がった母親のイメージというのが少し違っているはずなのです。完全に違ってなくてもいいから。「少し違っているな」というのを喜ぶぐらいの優しさは、自分に示してあげたいですよね。厳しくしないでね。質問してくださった方、どうもありがとう。

「相手のエゴによって身体が動かなくなったり、身体が反応することはありえますか？夫のエゴがひとつなくなってから呼吸が楽になり、とても過ごしやすくなったように感じるのですが、気のせいでしょうか？　私の病気による問題行動により、夫が初めて泣き、その時にエゴが落ちたように感じました。そのようなことは有り得ますか？　私がエゴを見ているからそのように感じているだけでしょうか？」

自分の心が苦しい時、相手の言動に激しく反応しますよね。ほんとうに弱っている時は、ちょっとした周囲の変化でぐらりと揺れますよね。痛風があると、文字通り、風があたっただけでも痛いと言いますけれども、そういう感じですよね。私たち皆が経験していることを表現してくださってどうもありがとう。この時、ご主人（相手）のエゴに考えを向ける代わりに、自分が、反応しなくてすむということがあり得るだろうか、と質問の先を自身の心の内側に向けるといいのですね。

「夫は、完璧な愛の存在。私も完璧な愛の存在。誰ひとり欠けることなく、すべては皆完璧な愛の存在。そして、今、特に夫が完璧な愛の存在なのだと、私がわかるように導いてください。兄弟を通して、皆が完璧な愛の存在なのだと、私たちはほんとうにひとつなのだと私がわかるように導いてください」。そういう祈りですね。

「イエスは私たちの自由意志を認めていますね。仏教と同様に絶対他力だけれど、ホーリースピリットといるかどうかの選択の自由は私たちにある、運命は私たちの手にある、という理解でいいでしょうか」

仏教において「絶対他力」「他力本願」というのは、阿弥陀如来の本願によって成就することではなかったでしょうか。阿弥陀如来の本願によって成仏すること。阿弥陀如来をホーリースピリットに置き換えて、ホーリースピリットの本願によって成仏する。似ていますね。

ただ、仏教の本来の意味である「絶対他力」「他力本願」は、日常でいろんな意味に使われてしまっていますよね。「あの人はいつも他力本願で」と言う時、自分の力ではなく、人の力に頼って望みをかなえようとする、そういうのは安易で責任逃れで良くない、というような意味になることがありますよね。

そういうこともあるので、私たちは、出来るだけ混乱しないために、イエスの教えやホーリースピリットの導きを受け取る時、仏教のみならず、他で得た知識や学びを急いでを当てはめないほうがいいと思うのです。比較したり、同じ精神を見つける時も、注意深くするべきだと思います。

仏教も、ゴールは同じです。何もかもゴールは同じはずですけれども、それぞれの道筋があり、カリキュラムがあるのだから、そのカリキュラムで言っていることを他からもってきた言葉に当てはめようとすると、わけがわからなくなってきませんか。

過去に学んできたことを今の学びにつなげようとすると、学べません。コースの学びとは、「今まで学んだことを全部取り消す」ことです。否定するのではなく、ただ「今、ここ」の声にのみ、耳を傾けるということです。新しい語彙を、過去の何かに結びつけることによって理解しようとしないで、「この言葉の意味がよくわかりません。わかる経験をしたいです。助けてください」と祈りたいです。

愛は、自由意志を強制して何かをすることはありません。「強制しない」ことが愛だから。他力や自力とは関係なく、とにかく愛というのは強制しません。愛というのはあるがまま、それが愛です。

そして、愛を表現しているのがイエスであり、愛を私たちに経験させてくれているのがホーリースピリットです。その愛を受け入れるかどうかは私たちの意志に任せられています。

私たちがどんな経験を日々、重ねていくかは私たちの自由です。罪の意識にまみれている一日もいいし、ゆるしをして愛を受け取る一日でもいいし、それは私たちの自由です。でも、その自由があるからといって、私たちは地獄に落ちるということはありません。それは、決まっていることだから。私たちは愛の中にいるから。どんなにブレていても、不幸せにはなりません。ただ、「自分はブレていて不幸せだ」と言い張ることはできるけども、実際にそうなることはありません。誰ひとり、欠けているものはないということは、保証されています。

奇跡は、愛の表現として自然に起こるものです。

(T-1-I-3:1)

愛の表現というのは、アクションのことでしたね。リアクションではなくて。

エゴによって心に感情が湧く、心が揺れる、思わず走り出す、急いで行動に移す……。それは全部、何かを知覚したことによる反応、つまり、リアクションです。

エゴの恐れ、罪悪感を何者かに投影すると、それが実に素直に、恐れと罪悪感を見せてくれます。こちらは、自分で投影したのだという事実を忘れていますから、自分が一方的に攻撃されたと信じます。それで、自己防衛のための思いが湧き起こり、そのための行動が起こるわけです。

アクションというのは、自分が投影したものを見て、「自分がエゴを投影したものを見ているだけだ。そして投影したものはエゴなので、自分ではない。訂正して、あるがままの愛を見たい」と祈ることです。それが愛の表現です。その時に、奇跡が自然に起こります。

エゴと共に見る知覚＝投影したもの、から、ホーリースピリットと共に見る心眼（ビジョン）へシフトする。そのシフト自体が奇跡です。それは相手と共に分かち合われるもの、目撃されるものです。

エゴは、両面感情を伴わない愛を経験したことがありません。
（T-4-Ⅲ-4:6）

愛しているけど憎い。愛の喜びを感じているけど、怖い。幸せ過ぎて怖い。あるいは、愛ははかない。いのちは短い。喜びは続かない。山あれば谷あり、これがエゴの経験する愛です。エゴは完璧な愛を一度も経験したことがありません。完璧な愛を経験したことがないというのは、エゴは奇跡を見たことがないということです。

そして、「『奇跡を見せてよ』っていうふうに、つい思ってしまう」とシェアしてくださった方、ありがとう。皆そう思いますよね。奇跡を見たいわね。それから、奇跡を見せて、「ほら、奇跡のコースはこんなにすごいのよね」って言いたいかもしれないし、「ほら、私は奇跡を見せられるのよ」と言いたいヒーラーもいるかもしれない。

信じさせるために、奇跡を見せ物として使うのは、奇跡の目的の誤解です。
(T-I-I-10)

テキストではこう言っているけれども、「奇跡の目的の誤解です」という言い方はすごく優しい言い方で、実際はとても危険な考え方なのですね。
何故ならば、信じさせるために奇跡を利用するという考え方に、愛があるかしら？奇跡を経験すれば目が開かれて、確信が深まる。それは確か。だから私たちは、奇跡を求める。だけど、それを誰かに信じさせるためにするというのは愛とはベクトルが逆ですね。

「『人を助けたいと思うのではなく、自分を助けなさい』とおっしゃっていましたが、そのことについてもう少し説明をしていただきたいと思いました」

いいご質問をありがとう。

私が言ったことを正確に言い直すと、

「私たちは、自分しか助けることはできない。自分にしか与えることはできないから」

ということになります。

「誰かが苦しんでいる。助けてあげたい。自分に何ができるだろう」

そう思うのは自然なこと、愛の想念だ、と私たちは考えますが、でも、助けてあげたいと思うのは、傲慢ではない？　あなたは困っている。私は困っていない。手を差し伸べよう。これはあなたと私は違う、と、違いを見せつけるための思いですものね。相手と自分を分離しています。

実を言えば、その分離を見ている自分の眼、その見方が、「助けが必要な、苦しんでいるその人」を作っているのです。

だから、助けてもらいたいのは自分自身です。ゆるしによって。それだけです。自分自身が訂正されれば、分離ではないものを見れば、助けなければならない人などどこにもいないということがわかります。

出発点とプロセスとゴールは同じという話を何度もしています。だとすると、「奇跡を見せてみてよ」という出発点、疑いと挑戦の出発点に立てば、そのプロセスは疑いと挑戦のプロセスであって、ゴールも愛ではないことになる。愛のゴールにはたどり着きません。だから、そのように奇跡という言葉に引きずられないようにしたいのですね。

ただ、たとえば、自分は癌の治療で怖いし、痛いし、つらいし、眠れないしというその時に、「私はほんとうの完璧な自分を経験したいです。でも、できないです。こんなにも身体がつらくて、できないです。私は、ほんとうに奇跡が必要です。助けてください」。この祈りは、ほんとうですよね。「自分の心の救いに奇跡は必要だ」と認め、それを願うことはほんとうの願いであり、それは聞き届けられます。

奇跡とは習慣です。そして意図せずに起こるものです。
(T-1-I-5:1)

これは、「愛のアクションが自然でなくてはなりません」という意味です。愛の表現が習慣にならなければなりません。そうできるようにと、私たちはこうやって練習しているわけです。何があっても、まず、最初に反応してしまう。それから慌てて「そうだ、訂正しよう」と、そこから始まるけれど、そこからだんだんと慌てる時間が縮まってきて、そして「私、今、反応しなかった」という喜びが来るようになります。

「通勤途中、突進してきた高校生の自転車にぶつかり、脊椎と肋骨の骨折という負傷をしました。その出来事自体に対しては、何故か平安でしたし、自分のエゴで思い煩っていたことが、吹き飛ばされたような感じでした。そして相手の高校生はかすり傷でしたが、高校三年生で受験を控えている時にと、気の毒にも思っていました。ですが、その後、後遺症が残る可能性もあるので、物損事故扱いを人身事故にしてもらうように、警察に連絡したところ、相手は高校生なのに、あなたは高校生に懲罰を与えたいのかと警察の人に言われて、気に病んでいます。別に懲罰を与えたいわけではなく、重症で後遺症が出る可能性があるので、人身事故扱いにした方がいいことからそれを申し出たのですが。自分のなかでも、高校生にダメージを与えたくないという気持ちが強いのですが、その反面自分も守りたいということもあります。エゴからの反応なのか、どうか、人身事故にしないことが愛を送ることなのか。平安でいられません」

細部は違っても、誰にでも起こり得る出来事と、その心象風景をくまなく、また簡潔に表現し提供してくださってありがとうございます。このような出来事は奇跡の機会にもってこいと言えますね。事故に遭ったけど、相手は無傷で、自分は骨折した。その時に反応しなかった。逆に、相手を思いやる気持ちもあった。これが、「愛のアクションが自然にできている」ってことですよね。

愛が与えられると、愛が返ってきます。この〝交換〟が奇跡です。

愛のアクションがあれば、愛は愛にしか届かないので、必ず愛が返ってくる。だから、奇跡があるという、奇跡の力学です。愛でアクションすれば、必ず愛のアクションしか見ない。これは約束されているのですね。ここに確信をもちなさい、ということです。

愛でアクションすると、こてんぱんにされるのではないかと思う。丸め込められるのではないかと思う。失敗するのではないかという根拠のない恐れが、最初に出てくるかもしれないけれども、必ず愛は返ってきます。経験を積んで、確かにそうだという確信を摑んでいきたいですね。この愛の交換を奇跡というのですね。

「『奇跡のコース』は初めての受講になります。そこで質問させてください。私たちには潜在意識と顕在意識がありますが、奇跡のコースではどのようにとらえていますか？

幼少期に潜在意識に溜めこんだものをホーリースピリットは少しずつ奇跡を見せてくれますか？　潜在意識、顕在意識とエゴ、ホーリースピリットがごちゃ混ぜになっています」

どうもありがとう。顕在意識と顕在意識という言葉を知ってしまっているというか、学んでしまっている。そうすると、学んでしまった言葉とか概念を、コースの概念に当てはめなければと思ってしまう。そうすると、ちょっとわからなくなってしまう。

コースにおける潜在意識と顕在意識

まず、表層意識がありますね。そこに接している意識が、「顕在意識」と言えます。自覚している意識ですね。

その下の方、表層に届いていない意識は、自覚できてないから、「潜在意識」と呼ばれます。

潜在意識の中に、たとえば、あなたは自分を罰する思いがあるとか、潜在意識の中にあなたは自分を認めてない部分があるとか、そういうふうに心理セラピーで使われることがありますが、コースはそれをひっくり返しています。

あなたの潜在意識は、そのような、あなたの足を引っ張っているようなものではありません。潜在意識とは、切実に奇跡を求める意識、神の思いに戻る意識です。真の自己、完璧の自己に戻ろうとする衝動です。それが、あなたのほんとうの、言ってみれば潜在意識です。

何故、あなたの心の中にそのような意識があるかというと、神の思いがあるからです。愛は、あなたのその意識とつながろうとしているからです。ほんとうの実在の世界と愛は、あなたとひとつなので、あなたの表層意識に阻まれているあなたのほんとうの意識とつながりたいと思っています。ある意味では、ほんとうにつながっています。

自分の中にあるほんとうの思いは、「そこにつながりたい」という思い、それだけです。それが、基本的な本能なのだとコースは述べています。

奇跡を求める衝動が共通意識に届くならば、意識の線上で愛を差し伸べてくれる手とちょうどつなぎ合って、愛のスパークが起こるわけです。

ただ、奥深くから伸びてくる奇跡衝動は、表層意識に届く前に、エゴの思いによって、つまり恐れと罪悪感によって、歪められることがあるのですね。奇跡を求める願望、神の中に溶け込んでいこうとする願望のはずが、お金が欲しい、結婚したい、大きな家に住みたいなどの、まやかしの欲望に変わってしまうのですね。

　偶像崇拝にすり替わってしまうのです。

　愛の手が意識線上でつながれようとするのを先に阻むんですね。だから、エゴの心が意識線上を占領するのか？　その前に愛の手をつなぐのか？　がポイントです。どちらが先に意識線上に届くのか。そういうことです。


　実を言えば、もう完全にエゴがブロックしています、意識の線上を。だから、取り消しが必要なのです。何故取り消したいのかというと、そこに隙間を空けて、窓を開けて、そこから神と手をつなぎたいからです。

　だから、愛のアクションは、必ず愛を受け取ることになる。それが、「奇跡が保証されていることです」ということなのですね。二人が共に求めた先が愛だという、しるしです。

　潜在意識は、奇跡を求める衝動。顕在意識は、エゴ。「ひどいトラウマがあると信じている」というエゴが、顕在意識です。

あらゆる問題を、奇跡衝動の発露のためのドアとして見る

問題を見る時、それをドアとして見る。人との間に何か問題があった時に、ドアとして見る。ドアの向こうに何があると考えるか。このドアを開ければ向こうにお金があるのだろうか。このドアの向こうにもっといい治療法があるのだろうかなどと考える代わりに、ドアを開けて、愛に触れたい、と思い出す習慣をつけたいですね。ドアの向こうにホーリースピリットがいて、つまりドアの向こうに神の手が差し伸べられている。「それだけが欲しい」と祈りの心をもっていたいです。

奇跡とは、エゴの判断に任せて物事を進めさせないこと、とも言えます。だから、奇跡なくして物語が進んでいく時に私たちは何をしているかというと、判断しながら進んでいます。一瞬一瞬を判断しながら進んでいる。判断できないことがあると右往左往して、人に聞き、ネットで調べ、とにかく、とりあえずの判断をして進んでいこうとするわけです。これは、全部、奇跡に背を向けている行為ですね。

怒りは必ず、判断を下すことから生じます。判断とは、奇跡を自分から遠ざけておくために、私が自分自身に対して使う武器です。

（W-347）

私たちの自己判断は、奇跡を経験しないためのエゴの手段です。逆に言えば、奇跡を経験するためには、判断をやめなくてはなりません。今、やっていることをやめて、立ち止まる。うまくいっている時は、わざわざ立ち止まろうとしないかもしれない。でも、うまくいかない時、私たちは幸せなことに立ち止まることができますね。その意味で、〝問題〟は、やはりうれしい、新しいドアの登場だということです。情報を集めて判断を下そうとしないで、「あっドアだ、この先に、気づきがある」と喜びたいです。

自分に対してなされることを前にして自分は無力なのだと自分を偽るのは、やめてください。自分は間違っていただけと認めてください。すると、あなたが見ていたあなたの間違いの結果はすべて消え去ります。

（T-21-II-2:6-7）

そうすると、先ほどの交通事故のお話、皆さんはどういうふうに思われますか？「相手は高校生なのに懲罰を与えたいのか」と警察官が言いました。何故そのようなことを言ったのか、わかりませんね。面倒くさいから言っただけかもしれないし。そういう面倒くさい手続きは嫌だよって思っただけかもしれないし。何故か高校生をかばいたいという心がその人の中にあったかもしれない。でも、自分は懲罰を与えたいのではないとわかっているなら、「そうではないですよ」と警察官に穏やかに伝えて、その穏やかさを共有することもできますね。今、ここで、心の中で共有してくださいね。そしてその共有は、自ずと、高校生にも共有されるものです。

自分で愛のアクションをしても、じゃあ、たちまち世界が愛らしい姿になるかというと、そうではない、ということがあります。せっかく、愛のアクションで反応しないでやってみて、そして、ほんとうにホーリースピリットをいつも感じているはずなのに、「ええっ？」っていうショックなことがある。皆が経験していることだと思います。そこで、「これは間違っているのか」「これではやはり駄目じゃないか」と、また判断に戻ってしまうのではなく、私たちはまだ学習を始めたばかりの赤ん坊、幼稚園児、せいぜい小学生だということを思い出したいです。しょっちゅう転んでも、起きればいい。

先ほどのシェアで、「私は、別に懲罰を与えたいんじゃないんです。あなた（高校生）との出会いを意味あるものにしたいだけなのです。奇跡を見たいんです」と、自分の心に従う時、その高校生にとっても、かけがえのない経験になるはずです。だいたい、事故はなかったことにしようということがひとりの高校生に対する愛だなんて、そんなことがあるはずがないですね。

「自分にはできない」と言わないでください。そこで終わりにしないでください。できないなと思うことがあったら、今すぐその思いが自分の内にあるのを認めてください。「できる」と、ひっくり返すために。できないことは何もありません。何故なら、自分ひとりでは、所詮、何ひとつできないからです。ホーリースピリット、つまりそれまで忘れていた真の自己だけが、愛の源だからです。できないと思っていた自分が間違っていただけだと認めてください。それだけであなたの間違いはすべて消え去りますから。

自分が人に対して行った過ちというのがありますね。相手には心の愛のアクションで伝わります。たとえば、新幹線に乗って相手に謝りに行かないとならないのでしょうか、というご質問があります。もちろん会って、あの時私は間違っていました、ごめんなさい、と伝えることができたら、それは素晴らしいですね。でもたとえば、既に亡くなっている人もいます。過ちの取り消し、心の訂正というのは、心ですることなのです。心でする時、身体は自然にいるべきところにいて、会うべき人に会って、言うべきことを言うようになっているのです。

たまたま自分がそこにいて、すると、驚くことに、遠く離れたところにいるはずのその人が現れて、自然に、優しい愛にあふれた会話を交わした。そして、それは長年のこだわりや誤解を解くだけではなく、二人のほんとうに思いがけない愛を見せてくれることになった。たとえば、そういうことが起こり得るのです。つまり、過去が変わること、未来が変わることとは同じ、同時に起こるということですね。これが、変容です。

目を閉じてください。

この方が速やかに回復なさいますように。この高校生も、この経験をほんとうに自分の糧とできますように。それは警察官や、高校生のご家族や、もちろん自分の方も、いろんな人を巻き込むことになるけれど、それはすべて愛の経験となりますように、というふうに願ってしまう自分の心を見ましょう。相手のことをただ願うということは、自分の力を、無力のままにしてしまう。そういうことにもなり得ます。

なので、この願いを、自分の心の力や愛の表現にできますように。自分の願いを糧に、自分こそが願いを糧に、愛の表現と共に、愛の手のありかを見つけられますように。

つまり、張り出してくるエゴの意識を取り消して、そこにドアを作り、ドアを開け、そこに手が差し伸べられて、自分を待っていってくれたということを目撃できますように。

皆さん、どうもありがとう。

事故に遭われた方だけじゃなく、今、抗癌剤治療中の方、さまざまな体調不良、その他のさまざまな問題、つまり気づきと奇跡のためのドアを、皆さん、おもちかもしれません。でも、私たちはスタンプラリーの最中ですから、そして同僚、フレンズがいますから。

無力感にさいなまれるということがあったら、「さいなまれている自分がいるな」「これは『助けて』という時だな」というふうに思い出しましょう。「助けて」と、自分の内側に声を出す。私たちがもっている最も美しく、意味のある言葉ですよね。

そして、また、私たちのほんとうの衝動、ほんとうの潜在意識を確認し合って、表現し合うことで、それを日常に目撃していきましょう。

シェアしてくださった皆さん、よく耳を傾けて〝自分のこととして〟受け取ってくださった皆さん、どうもありがとう。シェアも質問も、実のところ、その発信者が答えを知っているから表現ができるのだし、そのシェアに癒しの力があるのです。

この五回のクラスの内容が土台になって、私たち皆が、ひとり残らず、いのちの力を毎日目撃できますようにと心から祈っています。

第二部

奇跡のコースを日常に落とし込む

（2011年各地セミナーから）

心の力を使う

二〇一一年十月二十九日 東京で開催されたセミナーの一部を収録

いつもと違う何かがあったでしょうか。いつもと違う災難があったでしょうか。いつもに増して奇跡のような喜びがあったでしょうか。

これらはすべて同じことです。

思いがけないことというのは、奇跡のような喜ばしいことでもあり得るし、打ちひしがれるような悲しみでもあり得ます。これは、どちらもよいことです。人生は、自分が考えているよりも、もっともっと大きな力で動かされているものだと気づく機会になるからです。

もし、人生が、自分の小さなアタマで考えたかぎりのものであるならば、それほどたいした人生は望めないかもしれません。親を見て、社会を眺めて、十代の初めには、「だいたい自分の人生はこの程度だな」と思うようになるかもしれません。でも思いが

けない出来事というのは、そうではない、あなたが考えているものとは違うものがこの人生にはあるのだ、ということを垣間見せてくれます。

心が、明日の幸せを創造する

「自分の考えているものより大きなものとは何だろう?」と常に待ち構えている心には、思いがけないことは、喜ばしいものとして現れます。自分が考えたプランを壊されたくないと戦々恐々として生きている心には、思いがけないことは、自分の経過を邪魔されるのですから、どんなことでもよくないことになります。

今日、最初に申し上げたいのは、自分がどのようにとらえるかによって、めぐりくることは変わるということです。心しか存在せず、心だけが力をもち、人生は自分の心が創造していくという、これがひとつの原点です。心だけが力をもっている、しかもその力は揺るぎなく、限界がない、というのは、もちろん、心しか存在しないからです。敵対するものが存在していないからです。

自分が、今日何をし、何を行動し、何を発言したのかが、自分の明日をよりよくするということは、実は一切ありません。

今日、がんばって手足を使い、アタマをフル回転させ、一生懸命おこなったことは、明日の幸せをもたらさないのです。では、何がもたらすのか。自分の心だけです。自分が何を思うのか、それが明日を作ります。今日、何を思っているかだけが、自分の人生を決定し、自分のまわりの人々の幸せも決定する。

自分が思うことが明日を作るというのは、何事も強く思えば実現する、という手品のようなことを言っているのではありません。「あの人が好き」と強く思い「自分を好きになってほしい」と強く願っても、うまくいかないことはあるでしょう。そうではなく、心しか存在しない、それも、どの心もつながっていて、実はひとつの心しかない、だから心には限りのない力があり、私たちはその力の麗しさ、美しさ、愛らしさを共に経験することができる、それをこそ望んでいる、と自らの切実な願いを覚えているならば、大好きな「あの人」とも、その経験はできるということです。

このことを完璧に受け入れたいですね。完璧に受け入れることによって、無駄に身体を使って走り回る必要がなくなります。無駄に走り回っている間に、あちこちから災難が降りかかってきて、おおわらわしているうちにまた一年が過ぎ去ってしまった、ということにならずにすみます。

これが、私がニューヨークにCRS（Center for the Remembering & Sharing）をオープンしてからずっと繰り返し申し上げ続けてきたことですけれども、これを今一度はっきりさせたいと思います。

どうしても私たちは心をないがしろにして、自分の手足を使って何をするかに意識を向けがちです。何かをすれば、そこでよきものが生み出されているような錯覚に陥りがちです。でも、その結果はごらんのとおりです。心の状態は、完璧な平和とは程遠いところにありませんか？

思いがけない出来事を、大変な災害として受け止める代わりに、ほんとうに喜ばしいチャンスが与えられたと、愛と喜びを分かち合う機会としてとらえ、迎え入れるということを、私たちの心はできるのです。

ご質問のある方、いらっしゃいますか？

質問者1　行動や言動が明日を作るのではなく、心が明日を作るというのが、日本語として理解はできても、正直なところ「えっ……」となっています。受けつけたくないというか、何ていうのでしょう。私の中にすごく抵抗があります。これまで、自分が行動することによって未来がよくなるということを支えにして生活をしてきたところがありますから。

それを捨て去れと言われているような感じですよね？

質問者1　そうですね。なんだか土台がひっくり返る感じがします。

そうです。そのとおりです。抵抗があるかもしれませんが、根底からひっくり返したいと祈ることはできます。祈りたいです。何故かというと、ひっくり返してみると、たしかにこの人生、この世界観は、ほんとうにひっくり返るように輝くからです。それを経験して初めて、「確かにそうだった。これこそが、私がほんとうに願っていたことだった」とわかるのですね。

今までも輝いていた、常に暗いわけではなかった、というのは当然の思いでしょう。でも、あんなものはほんとうにちっぽけだった、いつこの幸せが、この喜びが終わるかもしれない、いつ壊されるかもしれないという不安によって、なんとか支えられていたにすぎなかったものだ、ということがほんとうにわかります。

今までの自分のやり方を否定されるような気がする、という抵抗もあるでしょう。そのさらに奥には、「ほんとうに自分の心だけで人生が動かせてしまえるなんて、そんなすごい力を自分がもっているとは認めたくない」という思いがあります。「そんなすごい自分なんて怖い」「扱いきれない」と思っています。それよりも他人にやってもらったほうが楽だと思っています。ほんとうはそうではないのに、「自分にはできません」と言っているほうが、楽だと思っているのです。

ですから、「やることなすことは何も生み出さない」ということを、今ここで椅子に座って「ああ、そうか」と納得するのは難しいですね。でも、心を使うと、物事はほんとうに違うふうに動くのだということを、経験できます。

創造とは自分の完璧さを体験すること

質問者2　基本的に「創造」ということがわからないと思いました。どうなったら「創造」なのでしょうか。

創造する、クリエイトするというと、手足を動かして何かをする、作品を制作する、というようなことを想像するかもしれませんが、自分が何をするのかということと創造することは、まったく関係がありません。

創造するということは、自分の完璧さを体験することです。それだけです。それが人生の創造です。絵を描いてもいいし、道を歩いていてもいい、魚河岸で働いていてもいい、何をしていてもかまいません。自分の完璧さを体験するのが創造で、それは何を通してでもできます。何もしていなくても、できます。

完璧なものを体験するという心の習慣をつける、そのように意識を定めていれば、自分にいちばんふさわしい状況は全部、宇宙がそろえてくれます。これ以上ないというくらいふさわしい状況です。

宇宙がとりそろえてくれた自分の材料に不満があるというのは、宇宙が間違えてもってきてしまったとか、あるいは宇宙が、「君はまだまだだめだから与えない」と言っているのではなくて、自分の見方が間違っているだけなのですね。

繰り返しますが、すべての材料は、完璧であることを経験するためのものです。それを「自分はやっぱりまだまだだめである」「自分とは悪である」「自分とは未熟である」「自分は人とは違う」ということに使おうとすると、喜びの体験になかなか触れられません。

そこには、「自分が完璧で、大きな力をもっていることを認めるのが怖い」という思いがあり、その怖さのさらに奥に行けば、自分の完璧さを認めてしまうとは、自分は自分で作りあげるものではなくて、宇宙に作られた存在なのだと認めることになります。ですが、エゴは自分で自分を作りたいのですね。たとえ未熟であっても、自分でやりたいのです。

そうではなくて、自分は創造されたもので、その創造された自分を喜び、祝福し、表現することが人生なのだと受け入れたなら、その時に自分のほんとうの力が見えてきます。こんなにできた自分だけれども、もっともっとできるのだと思う。もっともっと自分の完璧さを見られるのだと思う。そうなります。

質問者3　これまで何回か講座に出ています。心の真ん中にほんとうの自分がいて、そのまわりにエゴがあって、そのエゴがほんとうの自分を邪魔しているというのが頭で理解できているところにいると思いますが、仕事をしながらでも、

「喜びを分かち合いたいな」という気持ちでいつもいられたらいいなという、その落ち着いた気持ちが基本になれば、それが自分の中心だというのがわかっていくような気がします。

そうですね。ありがとうございます。

質問者3　それプラス、いろいろな方がいながら、一人ひとりがこの落ち着いた気持ちでいれば、日本全体が美しくなるのかなと思いました。そういう意味で、この講座を企画した人もすごい人だなと思って、うれしくなりました。

ほんとうにそうですね。うれしいですよね。それが唯一の力です。それがほんとうに世界を変えます。

どの瞬間もほんとうに完璧である、喜びにあふれている、感謝の気持ちでいっぱいである、そして落ち着いて安心している、そのように見ようと決めると、あらゆるものが新しく見えます。そのように決めていない心は、相手の言動によって自分の幸せが決まると思っていて、相手のすることなすことを監視して、判断し、それで動きます。だから相手を縛ります。

でも、自分はこれを体験したいのだともう決めた、となると、相手を縛る必要がありません。毎朝やっていることでも、毎日見ている同じ顔でも、新鮮に見えます。

ご夫婦が、最初に出会った瞬間、恋に落ちた瞬間、「この人、素敵」と思った瞬間、その瞬間だけは、少なくとも相手を見ているということですね。

〈会場　笑い〉

「ここに光を見た！」と思っています。「この人の輝きは何なんだ!?」と心打たれています。その時は輝きを見たのです。でも、その後どうでしょう？

〈会場　笑い〉

いったんひとつのパートナーシップができると、あとは相手に役割が与えられ、性格も与えられ、相手が自分に対してしてくれなくては困ることも決められ、そうなったらもう、相手は見えませんね。

感謝できるのは、ゴミ出ししてくれることだけ、というように、相手の存在が成り下がってしまいます。

ですから、恋に落ちた時の、あの輝きで見るということです。輝きがさらに増していく関係を育てていくことは、心の定め方によって、つまり、心しか存在しない、という土台に立って正しく見たいと願うことによって、可能であるばかりか、それこそが、大いなる創造経験ではないでしょうか。会場のあちこちからため息が聞こえてきますけれども（笑）、そういうことです。

自分をよくしていくと、孤独になっていく

相手を批判しない、非難しない、何か出来事があった時に、それに対して不平不満を言わない、文句をつけない。これはご自分の幸せを創造していくために不可欠なことです。

何故かというと、人を批判したり非難したりすると、必ず自分のことも批判し、非難することになるからです。

人を批判したり非難したりしたからといって、バチが当たって、人に非難されるよう

になると言っているのではありません。人を批判したり、文句を言ったり、不平不満を抱いたりすると、心が重くなって傷つくのは自分自身だということです。

人を批判的な目で見るとは、自分の行動基準、自分のモラル、自分のスタンダードに合わせてものを見るということです。必ずしも悪いことを指摘するとはかぎりません。自分の基準に合っていれば合格です。

たとえば、お行儀がよいのは非常に大事なことだと思っているとします。そういう場合、お行儀がよい人と会えばＯＫですが、失礼な人はだめなわけです。人を自分の基準より上の人と下の人というように、常に分けて見ています。

上の人が五十パーセント、下の人が五十パーセントだとすると、この世には、私が気持ちよく過ごせるお行儀のよい人が五十パーセント、私がイライラさせられるようなお行儀の悪い人が五十パーセント。その中で、この私は何を目指して生きているかというと、自分のスタンダードをもっと上げていくことです。

今の私はお行儀は身につけています。その私の見るかぎり世界は五分五分で、私はその真ん中にいます。私はもっと自分のスタンダードを上げて、自分の基準、自分のポジションをもっと高いところにもっていきたいのですね。つまり、私の目標というのは、認められる人が一パーセントで、九十九パーセントはだめ。このように世界を見たいと思っているわけです。変ではありませんか？

どんどん自分をよくしていくことと、どんどん孤独になっていくことが、同じことになっています。しかも、九十九パーセントの人を「見下したい」と思っています。「私はあなたたちとは違う」と言いたいと思っているとすると、この私は九十九パーセント人々を敵に回していることになります。九十九パーセントの人に、私の心を隠していることになります。隠しているけれども、心は伝わってしまうので、いつかばれて、意地悪をされると思っています。変でしょう？

エゴがやること、自分をよくするというのはそういうことです。お行儀でいえば、いちばん悪い人から、マナーの完璧な人までの階段をどんどんのぼっていくことです。これは完璧な自分からまったく反対方向に行く道です。

私たちは、自分が受けつけられないと思ったものに対して感じる怒りやいらだちを、なんとか押さえ込もうとします。あるいは忘れようとします。押さえ込もうとした、忘れようとした思いが全部、いわゆる潜在意識の中に入っていきます。

その潜在意識に入っていった、「いつかばれて、意地悪されるのではないか」「こんなふうに相手を思ってしまった……」というもろもろの思いが心の中を徘徊するようになります。それで自分を苦しめます。

人に隠しておきたい思いが罪悪感になる

人に何かをすることが必ず自分に返ってくるというのは、人に悪いことをすれば、人は必ずやり返してくるだろうということではありません。自分が抱える重い想念は必ず自分のところにとどまるということです。とどまったそれに、リアリティを与えてしまうということです。その思いはひと言でいえば、罪悪感です。

「こんなことをほんとうは思っている」という罪悪感を抱えている私たちは、心を隠さなくてはなりませんし、心に力があるなんて、とんでもなく恐ろしいことです。できれば心は力をもたず、人からは見えず、行動によってごまかせるものであってほしいのですね。

どんな行動をすれば適切か。いつどんなふうにほほ笑めばいいのか。そのように考えていると、今度は、ほほ笑みの仕方を間違えて落ち込むわけです。人間関係はぎくしゃくします。

でも、自分の心に隠しているものがなければ、つまり、相手を批判したり非難したりすることがない、自分を批判したり非難したりすることがない、そうなれば自分はほほ笑みそのものだし、愛そのものなのだから、何もしなくてもいいことになります。

とはいえ、やはり心はいろいろなことを思ってしまうでしょう。ほほ笑みに隠れて、心の中では舌打ちをしているかもしれません。口には出さない悪態が続いているかもしれません。でも、それらは全部エゴという幻想です。だから、罪意識をもったり、それが自分の本質だと思い定めたり、人には言えない自分を暗い湿った存在に貶める必要はないのです。何を思っても、「それらの思いは自分ではない」のだから、それらを分析しようとする代わりに、ほんとうに見たいもの、経験したいことを再度思い出せばいいのです。

何もしなくても、愛そのものであるあなたが歩いていればいい。それだけで皆が救われます。感謝の気持ちをもって道を歩き電車に乗っている人がいれば、そこで皆が救われます。

自分がそのような思いになろうと思った時に、私たちは初めて気づきます。「今まで私は、そのような思いをもった人たちに支えられてきたのだな」と。たくさん過ちを犯してきたけれども、罪悪感をもったり、自分はだめだと思って鞭打ったりしたけれども、それでも私が今ここにいられるのは、誰かがまわりで感謝と喜びの心で生きていてくれたおかげだということがわかります。

そのような思いで生きようとした時に、自分もその人たちの仲間になる、その人たちとつながることができるという気持ちになれるわけです。

もはや、スタンダードを上げて、人と違いを作ることが目標になるのではなく、私はこの人たちと共に生きていきたいというふうに、心がシフトします。

そうすると、競争のプレッシャーはなくなるし、自分の言動に対して自己批判したり自責の念に苦しめられることもなくなります。

家族からの無言のプレッシャーにはどう対処する?

質問者4　お話を何回か聞くことによって、今までの自分が少しずつ変わってきて、愛や感謝といった、そういう心がけができるようになりました。でも、自分がそういうふうにしたとしても、たとえば、対モノや、対ヒトが、私に対して望むものが……。

今のお行儀のお話のように、私も自分の基準やレベルと違っていれば、「この人、嫌い」って思いましたし、自分より上であれば、尊敬してまねしたいと思ってきました。同じように相手がそれを望んで、私が相手の基準までいかないと、こういう言い方はおかしいかもしれませんが、私には攻撃として感じたり、「足りないぞ。もっとがんばれ。嫁としてはこうだろう、妻としてはこうだろう、母としてはこうだろう」という圧がかかるといいますか、私はありのままでいたいと思っても、毎日つきあう人や家族は……。

たとえば、他人だったら「ああ、そうですね」とごまかせたり、愛や感謝を感じたり、「私はこうだけど、この人はこうなんだな」と、優しく相手を認められたりできるようになりましたが、家族とは毎日暮らすわけですから、私だけがその気持ちになっても、相手がそういう気持ちをまったくわかってくれないと、いつまでもがまんができなくて、そのうちに私も牙をむいてしまいます。

以前、先生がおっしゃっていたように、まわりの声は雑音と思おうとしても、何回も続くと心が折れてきて、だめだーとなって、じゃああなたの望むところまでがんばりましょう、と、意地みたいなものが出てきたりします。でも、ほんとうの自分ではないので、心がまたもやもやして、でも、じゃあ私ががまんすればいいのね、と、またふたをして、また悶々として……。それはいつまで続くのかと思ってしまいます。

ありがとうございます。皆さんも、「ああ、よく言ってくれた」と思っていらっしゃることと思います。特にご主人のことですね？

質問者4　はい。同居している姑のことでもあります。

今、お話をお伺いしている時に、ご主人が、べそをかいていらっしゃるようなエネルギーを感じました。べそをかいているというのは、心の奥のほうで、涙を流されていらっしゃるような感じでした。

それは何の涙かというと、自分は、奥さまの心のひだに触れられないと思っている、自分の大雑把さ、がさつさ、乱暴さが、奥さまの柔らかい心をとらえられなくてすまない、と思っていらっしゃるように感じました。

何故ご主人がそう思っていらっしゃるかというと、奥さまご自身が、心のひだの柔らかさや繊細さを、受け入れていないからかもしれませんね。繊細さや柔らかさというものを、自分の弱いところ、欠けているところと重ね合わせていらっしゃるように感じます。

ご自分のその部分こそがほんとうの強さであり、その部分こそが、まわりのご家族の方々の心を癒し、救うのだということをおわかりになると、ご主人も救われると思います。そんなふうに見えました。どうでしょうか？

質問者4 ………。

ご主人に、「そんなこと思わなくていいのよ」と言うと、「何を言っているんだ、おまえ。俺はそんなこと思ってないぞ」と言うかもしれません。

そうではなくて、ほんとうに自分の心だけで人生はできているので、ご主人は文字どおり、ご自分の鏡なんですね。ご主人がわかり合えないと思っているということは、ご主人が、「ああ、わからない。わからない自分が、すまない」と思っているわけです。届かないと思っているわけです。届かないというのは、自分は完璧ではなくて、できないと思っているということです。

どうしてご主人が「できない」と思い、たしかにできない行動をなさるかというと、妻であるご自分が、自分はできない、自分のこの繊細な心のひだではだめだと心のどこかで思っているからだと思います。

そのことを素直に認めて、繊細なありのままの自分で完璧なのだと受け入れたい、という思いをもっていれば、ご主人もその心のひだにちゃんと触れて、寄り添って、共に流れていくようになるのではないでしょうか。

最初は「自分はこれでいきたい」と思っていらっしゃって、つい引きずられてしまうというのは、徐々に「そうだ。私はできない……できない……」というところに自分で自分を戻していこうとする行為ですね。

そうしたらもう一回思い出して、「自分の繊細な感じやすいところを怖がる必要はない」「感受性をもっと開いて、愛と喜びをもっと感じたい」と思われるといいですね。

そのようにほんとうの心に戻ってくる習慣をつけると、人間関係も含めた、状況が変わってきます。

質問者4　自分の心しだいということですね。

はい。全部、自分です。

全員のための大事なご質問で、全員が心にもちたい課題を差し出してくださいました。どうもありがとう。

エゴはいつでも制作途中

ジャッジをしない。判断、批判をしないのが大事だという話をさせていただきました。金輪際、相手が政治家であろうが、ご自分の家族であろうが、批判・非難はやめましょう。

批判、非難しないということは、「何をやってもいいよ」という態度をとることとはまったく違います。相手も自分と同様で、間違えるわけです。暴力的な態度をとったり、心ないことを言ってしまったりします。

それは全部、自分は完璧だということを受け入れていないから起こることですね。皆、そういう過ちは犯します。その過ちを「そんなこと、いいんだよ」と言うのではなくて、「この人は過ちを犯している。でも、私はこの人のほんとうの姿を知っている」ということを忘れないということです。

さらには、「この人に過ちを犯させているのは自分がエゴを投影しているからだ」ということに気づきたいのですね。自分が抱えている罪悪感に苦しまなくてすむかのように、エゴは、それを誰かに投影して、誰かの間違い、欠点、不足を見る。そして、嘆く。嘆いている間は、自分の罪を忘れることができるかのように。実はそんなことをしても忘れられるはずはないのに、です。

ほんとうの姿を忘れていると、「私はこんな人とは違う。この人と一緒にしないで」という態度になります。そうして自分を切り離していきます。

でも、その人がどんな過ちを犯しても、その人のほんとうの姿が見えれば、「私とこの人は同じ」というその思いをなくさずにすみます。

だから、行動そのものに関しては、「それはやめてね」と言えばいいですし、やめてねと頼んでも、ひっぱたく人がいれば、そこから離れればいいんです。

行動を全部認めるのではなくて、どんな過ちがあったとしても、その人のほんとうの姿をジャッジすることはしない、ほんとうの姿は常に思い出しているということ、それをすることによって、ご自分の中に静けさが戻ってきます。「私はこの人とは違う」という思いをもたなくてすみます。

私とこの人が同じでなければ、どうやって安心して愛のある関係を続けていけるでしょうか。そうでなければ、そんな関係、不可能ですよね。

完璧であるというのは、「あなた方は、宇宙から慈しみの心を与えられてきました」ということなのです。「神は私たちに慈しみを与えられました」。神というのは慈しみの心であり、神の宇宙というのは慈しみでできています。

だから私たちは、慈しみの心を分かち合う、与え合うことができます。

それが、私たちにできる唯一のこと、私たちがほんとうに経験したい唯一のことではないでしょうか。

「慈しみの心に抵抗している自分なんておかしい」と、思われるでしょう。でも私たちは実にそれに抵抗しています。自分に与えられたものを使いたくないのです。自分で生み出したものを使いたいのです。

自分が誰かに何かを与えられるということを認めてしまうと、うかうかしていたら、自分が自分でなくなってしまうような気持ちになってしまいます。

ご夫婦の関係もそうです。うかうかしていると、ご主人に人生を乗っとられてしまいそうな気持ちになるわけです。だから、自分を主張しなくてはならないし、なんとか自分を守らなくてはなりません。

今日、お話ししたことのすべては、ひとつの問題に集約されます。ひとつの問題とは何かといえば、コースにしょっちゅう出てくる言葉ですが、「どこに権威があるのか」。自分の人生を司る力はどこにあるのか、誰が自分を作っているのか、ということです。ホーリースピリットがすべてを決定しているのか、それともエゴが決定しているかです。

ご自分のエゴにお聞きになってみてください。

「あなたは誰ですか？」「今、努力中です。もうちょっと待ってください」

エゴは常に制作途中です。途上にあります。途上のまま、どこかに消えていくことになります。そうではなくて、私たちはもうできあがっています。制作途中ではありません。私たちがいるべき場所、私たちが安心して存在できる場所も、今、建設中なわけではありません。もうできあがっています。

できあがっているものを経験していくこと、できあがっているものに心を開いていくこと、その心の習慣を養っていくといいですね。

自分の内に権威が、つまり力があるならば、何者かによって自分の幸せが脅かされているという無力感をもつ必要はないはずです。そして、その力はエゴではなくスピリットに、誰のスピリットにもあるものなので、誰かをコントロールするために使うことはできません。力とは、せめぎ合うものではなく、限りない愛です。

力＝愛を怖がらなくていいということを、経験を通して少しずつでも、受け入れていきましょう。ぜひご一緒に。

ありがとうございました。

与えることは受け取ること

二〇一一年十月三十日 静岡市内で開催されたセミナーを収録

与えることと受け取ることは同じですが、コースでは、もっと端的に、「あなたは、あなた自身にしか与えることはできません」と述べられています。たったひとつの心しか実在していないならば、当たり前のことなのですが、自分と相手が存在しているように見える知覚の中では、相手に与えることは、自分の心の中に住む相手というイメージに与えることと同じなのだと思い出すと有効かもしれません。与えて豊かになるのは自分自身なのです。自分の人生に現れているその人も、もちろん豊かになります。もとより、与えるものとは、愛以外にないのですから、差し出して、減るものなどはどこにも存在しないのですね。

それ以上のもの、それ以外のものを受け取っている

期待するとがっかりします。その期待に向かって意識がまっしぐらにいくので、他のものを見逃します。

私たちは見たいものを見て、聞きたいものを聞いて、それを組み合わせて現実と呼んでいます。たったひとつの現実を、私たちが皆で見ているように思っています。

実は、まったく違います。私が見ている現実、皆さん一人ひとりが見ていらっしゃる現実は、どれも異なっています。現実をどのように見るか、それは自分の選択次第なのです。

たとえば、音というのがありますね。アナログの音源とデジタルの音源があります。デジタルの音楽というのは、音域が非常に限られていますが、アナログのレコードというのは、人間の耳に聞こえない高音域が入っています。だから、聞いていて、何かこう伝わってくるものがある。そういうものがアナログの世界にはあります。

森林浴というのがあります。森林浴は静けさの中に入っていって、心を鎮めて、それ

で元気になるというものですけれども、実は聞こえていない音を聞いています。その聞こえない音に癒されているというのがあります。

中世のヨーロッパの楽器、あるいはお能で使われているような楽器、神にしか聞こえない弦があったりします。人間の肉体の耳というのは、能力が限られているわけですが、それ以上の音域というのがこの宇宙には存在していて、それは伝わっています。それが心に届いて作用するわけです。

今、皆さんがここに集まってくださって、私の話、あるいは皆さんの分かち合いを聞いてくださって、自分は何を受け取れた、あるいは受け取れなかった、いろいろなことをお思いになるでしょうが、それ以上のことを、それ以外のことを、受け取っています。それ以外のことを分かち合っています。

日常で、お友だち二人でお茶を飲みながら、いろいろな話をします。

深い話、普通の話、あるいは打ち明け話、噂話、いろいろな話をしますが、ほんとうはその話をしているのではありません。〝それではない何か〟を伝え合っています。

それをキャッチしたいな、そう思ってその方とお話をしていると、話の内容にかかわらず、とてもいい時間をもてます。何かを得られます。森林浴が起きるのです。その相手から伝わってくる声にならない声、あるいは自分の耳には聞き取れないものがちゃんと伝わってきます。それをやれるようになりましょうというのが、このコースのひとつの目標でもありますね。それはすぐに始められます。そして、ほんとうの目標というのは、今日の義務でもあります。

目標というのは、目標に向かって、十年やりました、二十年やりました、やっと到達しました、というものではありません。目標があったら、今すぐその目標に到達しなくてはなりません。

お金の心配をしなくていい、病気の心配もしなくていい、対人関係の心配もしなくていい、人のことを怖がらなくていい、そんな人生にしたいなと思ったら、今しなければ、それは一生やってきません。今、変えます。

今、変えるというのは、可能です。今までとまったく違う考え方、ものの見方を受け入れようとすることを、私たちは非常に嫌がりますから、時に大きな抵抗があるかもしれません。

食事を変えるというそれだけでも抵抗しますね。何かを減らしなさいとお医者さまに言われる、あるいはダイエットで食べないようにしよう、ご飯の量を減らそうと思うと、難しいですよね？

食べ物ひとつとっても難しいのですから、心のものの見方を変えましょうとなると、ますます抵抗が激しくなることも、もちろん考えられます。

あらかじめ、抵抗があるのだと思って息を吐いていれば、痛みは感じないかもしれません。柔道の受け身と同じです。衝撃があるなと思ったら、ふっと息を吐く。それもできます。そうしながら、「ああ、こうして人生が変わっていくのだな」という喜びをもっていただけたらいいなと思います。

それから今日は、『奇跡のコース』を学ぶガイドブック８　豊かさの力学』（ナチュラルスピリット刊）にまとめていますが、お金に関する考え方を百八十度変えていただくことができると思っています。

お金に関する考え方を変えるというのはどういうことだと思いますか？

お金が足りないということが変わります。『ガイドブック８』ではそのことを取り上げていますので、これを中心にお話させていただきたいと思います。

その前に、ひとつ大事なことは、自分が何をしたか、何を言うか、それは自分の人生をまったく変えないということ、皆さんもうご存じだと思いますが、これを叩き込んでください。

自分が何をするかということは、自分の人生にまったく影響を与えません。では、自分の人生に影響を与えるのは何かといえば、自分が何を考えているか、これに尽きます。自分が何を考えているか、自分の心を観察した時、それはくだらないことを何万も、何十万も、何千万も毎日考えているわけです。

朝、目を覚ました時に、「ああ、起きたくないな。もうこんな時間か」「今日は曇りだ」「トイレに行こう」「コーヒーいれなくちゃ」そんなことばかり考えています。それでちょっと「こうしてみたいなあ」と思って考えてみたり、「あちらに行ったらいいことあるかなあ」と思って考えてみたり、そんなことを考えながら毎日が過ぎていくわけです。そうすると、私たちの日常の経験というのも、やはり何万にも、何十万にも断片に分かれた、とりとめのないものになっていきます。

だけど、その何万、何十万という考えの中で、ひとつ、「私はこの考えを大事にしたいな」というものがあれば、その考えの影響は増えていきます。それを一日ほんの五分でも――五分、考えに集中するというのはすごいことですよ――「私はこういう考えと共に生きていきたい」と思い続けたら、これは変わります。

だから、どんな思いを自分はもっていたいかを明確にする必要があるし、その思いは自分にとってほんとうに大事な思いであったほうがいいに決まっていますね。

人と違いを作る必要はない

それからもうひとつ、何を思うにしても、何か行動に移すにしても、何のためにやっているのか、何のために思い、何のために行動に移すのか、ということです。

放っておくと、私たちは、人との違いを作るために生きています。人よりも優れた能力をもとうと思っています。人のもっていないライセンスをもとうと思っています。人ができないことをしたいと思っています。そうですね？

入社試験には、自分がどれだけ優れているかをアピールしなければ受かりません。大学入試では、人よりも問題を解かなくてはなりません。好きな人のハートを射止めるには、世界中の誰よりも魅力的でなくてはいけません。

違いを作るために、「あなたたちと私は違うのよ」ということを見せるために行動し、努力をしているところが、正直、皆さんの中にないでしょうか。せっかくもっているものを、分かち合ったらもったいないですよね。自分がもっているものを、その人ももってしまうわけですから。

それは、すごく冷たくて、怖い考え方です。

そんな考え方をもっている人間が寄り集まって、どうやってお互いに尊敬し合い、思いやりをもち、相手に与え、分かち合うことができるでしょうか。

そのように違いを作ることを目標にしてやっていくと、人と自分が切り離されていきます。そして、自分が努力をやめると、人との違いを再生産していけないので、自分は社会から落ちこぼれると思っています。

実をいうと、私たちは、違いを作らなければいい会社に入れない、お金持ちになれない、だから、がんばっているのではありません。違いを作らなければ、この社会で生きていけないと思っているのです。

何故お金が欲しいかというと、お金持ちになって、美しいゴージャスな生活をしたいからではないですね。お金持ちになって、安心したいからでしょう？　なんとか、骨身を削って働いて、安心したいと思っています。

しかし、どれだけ働いて、どれだけ貯金があっても安心できません。いつ何があるかわからないからです。どんなに会社が繁盛しても、震災があればそれで終わりです。取引先が潰れればそれで終わりです。工場が潰れればそれで終わりです。病気になってしまったらどうします？　あるいは、思った以上に長生きしてしまったらどうしますか？　貯金、足りないですよね？　そうでしょう？

そんな悲しい、ちっぽけな考え方で、人となんとか違いを作って、これだけは自信がもてるというものをもとうと思っているわけです。

そうではなくて、私たちはひとつの存在で、ほんとうに手をつなぎ合っているのだから、飢えてつらい思いをする必要もないし、会社が繁栄する、あるいは没落するといったものに左右されなくてすむ、人生というのは安心なところで、せっかく安心できるところに生まれてきたのだから、喜びを皆でシェアしましょう、というふうに生きられたら、人生は変わってきます。

人に見下されるのではないか、蹴落とされるのではないか、と思う必要はなく、私はどうしてもこの美貌で勝負しなくてはいけない、などと力む必要もないわけです。

そういう人生を生きていきましょう、というのが、私たちが今、ご一緒に学んでいるコースです。

「使えば減る」という信念

今日は、お金の話、豊かさの話です。

何故、追い求めているお金が存分に入ってこないのでしょうか。入ってこないと断言してしまっては、失礼ですね。入っていらっしゃる方もいらっしゃいますし。でも、もっと入ってきてほしい、と思っていらっしゃいますよね？


何故、入ってこないのか。

お金だけではありません。欲しいと思うものが何故手に入らないのか。

それはまず、失うことへの恐れというものがエゴの根底に分厚く固まってあるからです。失うことへの恐れというのは、「使えば減る」という信念です。

私たちは、使えば減ると思っています。お金は使えば減る。体力は使えば減る。気力は使えば減る。すべてのものは消耗品だと思っています。だからそれと同様に、愛も使えば減ると思っています。愛だけは違う、思いやりだけは違う、喜びだけは違う、とは絶対に思っていません。これはもう全てのエゴの特徴ですから、強調させていただきます。

その証拠に、喜びがあると、怖いでしょう？　喜びの次には、必ず悲しみが来るでしょう？　苦しみが来るでしょう？　幸せの量は決まっていると思っているでしょう？　あるいは自分だけ浮かれていると、しっぺ返しが来ると思うでしょう？　だから、幸せな自分をご近所さまに見せてはまずいのです。相手に対するマナーという以上に、自分たちを守ろうという意識があります。

体力も気力も減ると思うのと同様に、お金も使えば減る。幸せも愛も使えば減る。私たちは、ほんとうに自分を与えるということができません。ですが、ほんとうに自分を与えるということをしないかぎり、豊かさは体験できません。

豊かさというのは、お金の額のことではなく、心配する必要がないということです。心配せずに、喜びだけに意識を向けていられるということです。これはほんとうに自分を与えることをする以外に、達成の道はありません。

もうひとつあります。いちばん私たちが怖がっているもののひとつに、時間があります。

どのように過ごそうが、時間はどんどん減っていきます。もったいなくて、与える時間なんてありませんんね。だから愛も与えられません。「愛を与えている暇なんてないわ。それよりも、安心のために時間を使わなくちゃ。そうでなくても、時間は足りないのだから」

私たちの日常は足りないものだらけです。それでどうやって豊かさを見ようというのでしょうか。

足りないという思いが半分、豊かでありたいという思いが半分、そうすると、お金も入ってくるかもしれないけれども、足りないという経験も同じ分量だけすることになるでしょうね。一方で足りないと思いながら、一方で豊かさを経験したいというのは、かなわないことです。どちらかに決めなくてはなりません。

たとえば、たった今、新しいブラウスを買おうとしているとします。何故買うかというと、「明日のディナーに着ていくものがないから」です。でも、クロゼットには実は山ほどのブラウスがあるかもしれないですよね。なのにどうして、着ていくものがないと考えるのでしょうか。何故ブラウスは、買っても買っても足りないのでしょうか。それでは、お金は、あってもあっても足りないということになりますね。

足りないという信念を、心から追い出して、その代わりに、使っても減らない、使って減るものはないのだという心の練習をしなくてはなりません。

もう一枚のブラウスを買うことに意識を向けるのをしばらくやめてみて、心だけで生きる時間をもってみるのもいいかもしれませんね。(笑)

心は減らない

自分が何をするかは人生を決めない、何を思うかだけが人生を決めます。それは何故かというと、この宇宙にほんとうに存在しているのは、心だけだからです。

心しか存在していません。そしてこの心は、減りません。

だから、身体を使うのではなくて、心を使う習慣をつけることですね。心を使う代わりに、自分に何かをしゃべらせたり、すてきな笑顔を作ってみたり、あるいは、忙しくあちらこちらと駆けずり回ったり、そういうことをして人生を創造していこうという、とんちんかんなことに無駄な時間を費やす代わりに、常に心を使うことを忘れないようにしよう、自分の心の力を発揮しよう、と、毎朝決めることですね。この心は使っても減りません。

使えば減ることをどこかで信じているということは、この宇宙の創造者である神――と呼ばせていただきますが――を疑っていることになります。「神が自分に与えてくださる愛の量は決まっている」というふうに思っていることになります。そしてその愛の量は、隣のAさんよりも少ないかもしれません。

そうすると、この不公平な神に対して、どうやって信頼して生きていくことができますか？　どうやって神の宇宙の中に生きている自分を信頼することができるでしょうか？　どうやって安心を人生の中で経験することができるでしょうか？

使えば減ると信じているものの最たるものは、この人生そのものです。人生はどんどん目減りしています。使えば減るのが人生です。だから私たちは人生を出し惜しみするのです。

一方では、存分に生きようと思っています。情熱をほとばしらせて、愛と喜びを存分に感じて生きたいと思います。でも一方では、使えばなくなってしまうから、先延ばしにしようと思っています。いつまでも先延ばしにしているから、まだ死ねないんですよ。まだ存分に生きてもいないのだから、今、死んでしまったら困るとみんな思っています。

逆にいえば、存分に生きる瞬間、たとえば、冒頭申し上げた「こんなふうに受け取ってシェアしてくださるのだったら、私はほんとうに死んでもいい」という、この瞬間というのは、私の身体は何もしていません。心が伝わって広がっていくものだという経験をしています。

そんな私たちが唯一、足りないと今のところ思っていないものは、空気です。足りないと思っていないので、意識しなくても呼吸できていますね。自分はまだまだ未熟だから、息ができるほどのものではないから遠慮しますとは思わないし、あの人たちに皆とられちゃってどうしようとも思いません。いったん入ってきた息を、がんばって保存しなくちゃ、とも思いませんね。

競争しようと思っていません。足りないと思っていないから、楽にできます。つまり、楽にできないものは、すべて自分が足りないと思っているものです。これからも足りない思いを続けていくと、空気も足りなくなってきます。きれいな水も足りなくなってきています。

きれいな空気、足りないですよね？　福島でがんばっていらっしゃる方々や、原発の後始末をしていらっしゃる方々は、きれいな空気を吸うことをかなり犠牲にしていらっしゃる方々かもしれません。だんだんそうなっていきます。

今、ほんとうに私たちが足りないことから豊かさへと意識を変えないと、私たちの次世代の大勢の人々が、「足りない」から「豊かさ」への転換を引き受けなくてはなりません。それでもいいですけれども、今、私たちができることでもあるのですね。

もし十万円を人にあげるとしたら？

『ガイドブック8』にも書きましたが、友人のユダヤ教のラビ（聖職者）が教えてくれた話です。

「もし自分の手元に十万円があって、それを誰かにチャリティでさしあげたいと思ったならば、どうしますか？」という問いかけがありました。

十万円をどなたかひとりにさしあげるのか、あるいは一万円ずつ十人にさしあげるのか、千円ずつ百人に、または百円ずつ、千人にさしあげるのか。皆さんならどうしますか？　という質問です。

答えはこうでした。細かい額のお金の百円を千人の方にさしあげるのが、いちばん豊かさを生む方法ですよ、と。どうしてでしょう？　それは与えるという行為をたくさんさせていただくからです。

今日はこの話をもう少し進めさせていただきます。

百円ずつ千人の方に与えるというのがいちばん、自分の豊かさを経験できる方法です。何故ならば、千回も与えるという行為をさせていただけるからです。わかりますね？　ふんふん、そうなのか、と思いますね？

よく考えてみてください。百円を千人の方に今日与えることができる自信のある方、どのくらいいらっしゃいますか？

たとえば、道行く人に、「すみません、もらってください」これを言える勇気のある方は、あまりいらっしゃらないのではないでしょうか。なんだろう、この人？　と思われて、恥ずかしいですよね。

あるいは、千人のお友だちに今日、一日でお会いになれますか？「これもらってくれる？　私、今、豊かさのレッスンやってるの」それでいいですけれども、この会場にいる八十人はよしＯＫ！　あとの九百二十人はどうなさいますか？

ただちに千人にさしあげられる人、これができる人はほんとうに豊かだと思いませんか？　ただちに、道行く人にも気持ち悪がられずに、「もらって」「ＯＫ。ありがとう」と言ってもらえる豊かさをもっている人は、ほんとうに豊かではありませんか？

それから、仏陀のような、あるいはイエス・キリストのような、わざわざお金のやりとりをする必要のない、ほんとうにただで全部がまかなえる、これはものすごく豊かなことではありませんか？

十万円を握り締めて、この十万円がなければ私は何もできないから、十万円だって人に与えられない、これだけのお金がないとだめだ、という人はあまり豊かとはいえません。

豊かさの目標というのは、お金なし、です。

住みやすいお家や、いろいろな物がなくても、喜びと美しさと、情熱と愛と、調和と安心と生きる喜びを、ほんとうに満喫できるというその地平に行けることが、やはり目標ですね。そのための訓練に役立ってくれるのが、この百円玉であり、千円札であり、一万円札です。

十万円を誰かにさしあげられる、あるいはボランティアに使える、と思ったら、その十万円を持っていって、ああ、私はまだまだだなあ、こうやって第一歩を学んでいるのだな、というふうに謙虚に思うといいですね。

一千万円、どこかに寄付しました、という話を聞いて、「ああ、いいなあ。私もああいうふうに世の中の役に立ちたいなあ」と思う必要はありません。それは間違ったゴールです。

もちろん、一千万円を千人の方にさしあげてもいいですけれども、ああいうふうになるのが世の中のためになるんだ、ああいうふうにできることが、自分を世の中に貢献させることになる、と思うのは違うのではないでしょうか。そのように、お金を追い求めるのではなくて、自分の心の豊かさを訓練して増やしていくというふうに、心をシフトさせていくのがいいですね。

尋ね続ける、与え続ける

コースの学びの大きな柱のひとつは、「持つためには与えなさい」というものです。これが真髄です。先ほど申し上げた「使えば減る」という考え方と、真っ向から対立しています。

今ここで、皆さんが、「ああ、そうか」と思っていらっしゃる以上に、この考え方を身につけるのは難しいかもしれません。考え方を入れ替えるには、それを実践していって、経験を重ねていかなければ、そのシフトは完成されないからです。その練習を重ねることが必要です。

私たちは「使えば減る」世界からやってきたいわば異星人で、「豊かな世界」で生きるにはまだよちよち歩きです。だから急に、「そうか、十万円か」といって、十万円しか貯金がないのに、それを全部をあげてしまったら、豊かさどころか、あとで大変なことになります。あるいは、一千万円、お財布に眠っている人が、十万円渡してみても、何も起こりません。

自分の学びのレベルに合った金額をさしあげる必要があります。自分がどれだけのものを与えられるか、それを練習して、失敗を重ねながらやっていかなくてはなりません。何をすることが今適切かということを、練習しながら会得していきます。


じゃあ、今日さっそく、十万円を銀行に持って行って、全部を十円玉にしてもらって、千人にさしあげてみよう、そう思われる方がいらっしゃるかもしれません。それがその方の人生をシフトさせる非常にいいデモンストレーションになるかもしれませんが、だからといって、ここにいる全員がやっても、皆同じようにシフトすることはないと思います。それぞれがそれぞれのやり方でやるしかありません。

ですが、私たちは赤ちゃんなので、どうやっていいかまったくわかりません。つまり、お金の使い方を知らないと思ったほうがいいですね。

お金の使い方を知らなければ、時間の使い方も知らない、体力、気力の使い方も知らない、とにかく心の使い方を知りません。ですからこれは唯一のほんとうのことを知っている存在に、常に聞く必要があります。「これは私にとって適切でしょうか」ということを聞いて、その答えをもらう練習をすることが、コースの教えであるといってもいいと思います。

コースのテキストには、高次の存在につながりなさい、メッセージを受け取りなさい、チャネリングをしなさいとは、ひと言も書かれてありませんが、教えの全体はそういうことです。


常に聞くこと。何故なら、自分でやることは、エゴがやることだからです。エゴではなくて、自分のほんとうの心、すべてをわかっている——すべてをもっていて、使えば使うほど増えていく、自分の中の自分という永遠のいのちの源を教えてくれる自分自身の、そして自分自身とはとても思えない声——その声に尋ねて、その声の答えを受け取ることをしなくてはなりません。

誰かよその人の声を聞くわけではないけれども、まるでよその人のように感じられるほんとうの自分自身の声を、私たちの「使えば減ってしまう」「私はまだだめなんだ」「私は劣っている」「こんなに怠けていたら社会に適応できない」そういうことでわめいている私たちのエゴの、その奥の方に光っているそのダイアモンドに、聞かなくてはならないのです。

そうすると、常にしなくてはならないのは、尋ねる練習です。「適切なことをさせてください」というお願いする練習と、何のための適切さかを忘れずにいる練習です。つまり、自分が心であり、すべてをもっているということ、自分が豊かな宇宙であり、豊かさの中で、豊かさそのものとして生きていることを体験したいという目標を、その思いを忘れずにもつということです。それが訓練です。

そのためには、常に与えていなくてはなりません。

何をどれだけ与えるべきか、与えたらいいかを、ホーリースピリット、自分のほんとうの声に聞いて、与え続けながら、自分は与えることだけを、豊かさだけを、ほんとうに体験したいのだという心を百パーセントもつことです。

自分の心を分裂させない。それはすなわち、自分の行動を首尾一貫させること、与える一方で、「減ったら困る」と思わないことです。

もし、与え続けて、自分が困るようなことがあったら、それは与え方がちょっとずれているのだなと思うといいです。「ちょっと自分で走ってしまったな。そうではなくて、常にホーリースピリットの答えを聞いて、そのガイダンスに従ってやるべきだったな」と軌道修正すればいいです。

だから、与えながら、「ちょっと疲れたけれど、がんばろう」なんてやってはだめですよ。

「ちょっと苦しいけど、がんばろう」「この貯金おろしちゃったら、ゼロになっちゃうけど、でも、やっちゃえ」。そういうふうに自分を無視するような、自分に鞭を打つような行為をすると、また最初に戻ってしまいます。「自分はまだまだだめなんだ」「がんばらなければ、振り落とされてしまう」、そういう思いが入ってきてしまいます。

自分のどんなわがままな思いにも、優しく親切にしてあげることです。そしてそれを何よりも優先することです。

優先するといっても間違った思いもありますね。ですが、私たちは無制限に豊かであるという思い以外はどちらにしろすべて間違っています。正しい疲れ方、間違った疲れ方なんてなくて、疲れそのものが間違いなんです。貯金がすっからかんになった、家賃が払えなくなった、というのは全部間違いです。

間違いを間違いとして受け止めることで、なくしてあげることができます。「私は疲れた。体力を使って、それがなくなってしまっている」という間違いを、「そうね。私は今、疲れているわね。休みたいわね」と受け入れることによって、完璧に自分を受け入れていい存在だということを、自分に教えてあげることができます。

「疲れていようがなんだろうが、大丈夫。疲れていてもいなくても、ほんとうの自分はここで輝いている」ということがわかれば、愁訴《しゅうそ》は、安心して鎮まります。そうやって自分と仲良くしていくことです。

自分に鞭打つことをまずやめたいですね。自分に鞭打つたびに、がんばらなければだめだ、ということを自分に言っていることになりますから。がんばらなくては生きていけない、自分だけ楽はできない、という厳しい人生をイメージするより、安心して、気前よく、自分の持てるすべてを分かち合っていく人生のビジョンを見続けていたいです。

エゴは人畜無害

質問者1　豊かさを受け取ることを首尾一貫してやりなさい、ということと、その後言われた、自分の完全ではない部分、疲れたとか、へこたれたとか、そういう部分を認めるということの、その両方が自分の中で成り立っていません。首尾一貫するというと、非常に理想的な、何の迷いもない完璧な自分というイメージがありますが、そうでありながら、不完全な部分も認める、という、そこの

整理をしたいのですが。

ありがとうございます。そうですね。はっきりさせておきましょう。

この宇宙には、オルタナティブ（alternative／選択すべきもの）というものは存在しないということです。もうひとつの存在、あるいは相反する存在というものはないということです。ここで宇宙というのは、実は〝宇宙〟が適切な言葉かどうか、疑問ではあるのですが、もっと正確に言うなら、神の王国、ですね。実在する宇宙ということです。実在するものはただひとつです。ひとつの心、ひとつの意志です。それを愛とも呼びます。

たとえば、私たちが何か意見を言い合って議論をする時、必ず葛藤があります。「私はこう思うのよ」「あなたはそう思うの？　いいえ、私のほうが正しいわよ」それをするのがオルタナティブですが、もしこの宇宙に、よくないエネルギーが存在するとしたら、この四角の宇宙には葛藤があり、衝突があります。

だけど、この宇宙には、それがありません。たったひとつの豊かさ、たったひとつのエネルギーしかないので、だから、神はオールマイティなんです。全知全能であるというのは、オルタナティブがないということです。

だから、安心です。だから、安全です。だから、調和がとれています。だから、喜びにあふれています。もしそうでなければ、安心も安全も喜びもあり得ません。

「ひとつのものしかないといっても、私はここにいるし、あなたはそこにいるし、私とあなたは違いますよね」。これは完璧に幻想です。そんな違いはありません。そんな肉体も存在していません。

「神、在り」の宇宙の中で、二人の人間、違う人間がいたら、この宇宙は全知全能ではなくなってしまいます。ですから、私たちが違いを見ている時、私たちは、ほんとうには存在していないものを見ています。

私とあなたはまったく同じで、私のハートとあなたのハートに何ら違いはないし、ましてや優劣はないし、等しく豊かです。

あなたがどんなに「いや、私のほうがあなたよりも、一千倍ものお金を持っています。あなたと私の豊かさは違いますよ」と言い張ったとしても、実は同じなのですね。私はお財布を持っています。あなたもお財布を持っています。これも幻想です。

私たちの心というのは、神の一部です。安心と安全と豊かさがあります。私たちの心の中と、宇宙全体の間に、境目はありません。でも、私たちが、「疲れた」「足りない」「どうしよう」となるのは、ほんとうの心を隠すように、心のまわりにヒラヒラした幻想の、妄想の、自分の夢、悪夢の部分がここに出ているわけです。

この悪夢の部分は何かというと、「私は足りない」という思い、「使えば減る」という思い、「私は悪である」という思い、後悔という思い、心配という思い、あの人に対する不平不満、自分に対する不平不満、誰かに対する恨み辛み、心の痛み、悲しみ、こういうものが全部、このヒラヒラであり、エゴであり、自我です。

私たちの自我は、実在する宇宙とは何の関係もないものです。だから首尾一貫して生きましょう、というのは、私はこのほんとうの心なのだということを首尾一貫して忘れずに生きよう、ほんとうの心を生きましょう、ということをお話ししています。

今まで私たちは、エゴで生きてきました。足りないから何かしなくてはならない。あの時に後悔したから今度はこうしましょう。心配だから、これを蓄えておきましょう。そういうやり方で生きてきました。

そうではなくて、ほんとうの心、豊かさそのもので生きましょう。そうすると、ヒラヒラの部分で「疲れた」「痛い」と思った時に、それがほんとうの自分だと思うと、それと闘います。「疲れてはいけない」「痛いままではだめなんだ」。だけど、ほんとうの心を思い出していれば、「疲れた」だの「痛い」だの「あいつが嫌い」だの、いろいろなことが起こっても、しょせん自分の幻想なのだから、いいんです、そんなものは。「疲れているな、私。私のエゴが、疲れているんだとわめいているわ」「痛みなんて幻想だというけれど、ほんとうに痛いわ、この歯は」と、疲れたり歯が痛かったりする時に、あわてないでいられるようになるわけです。

安心した心で自分のエゴを受け入れてあげれば、エゴによって、真に痛い思いをする必要がありません。人に傷つけられたという時も、傷ついた自分がほんとうの自分だと思ったら、立ち上がれませんね。

でも、「私のエゴがまた傷ついている」「私のプライドがまた傷ついている」「私がまた心配している」でも、これはほんとうの私ではないのだからいいのよ、というふうに、安心して思うことで、ほんとうの心が力を得ます。そうすると、この状況はすみやかに変わります。

冒頭で、主催者が「エゴが吐くほどの抵抗をした」というシェアをしてくださいました。

その時に、エゴの抵抗から逃げずに――普通、逃げますよ。吐くぐらいだったらこんなものやめます。もっと楽なものを探そうとします――「その後はこうでした」という分かち合いをしてくださったその心というのは、吐いている自分を見ているほんとうの自分がいるということです。

九九・九パーセントは「もうだめだ」と思っても、意識にのぼっていないかもしれない〇・一パーセントがいます。だから抵抗して吐いて、その後冷静で穏やかな心がじっと優しく見ていてあげたのですね。すばらしいではないですか。ご自分の中に慈しみの眼を見つけたのです。

ほんとうの心で全部を見るということをちゃんとやらせてあげることによって、自分を表現しました。ほんとうの自分を生きたといってもいいですね。

首尾一貫して豊かさを受け取るということは、風邪をひいていようが職場をクビになったばかりであろうが、真の自己が少しも凹んでいない、完璧なままだということを認識していることです。そして自分をどうにかして弄《いじ》り回して、自分ではない別な存在にしようとしないことです。ありのままの自分を見せる、それが、自分のすべてを相手に与えるということなのです。

答えになっていますでしょうか？　ありがとうございました。

すべての問題のゴールは、ほんとうの自分に戻ること

質問者2　最近、まわりの人が病気になったり、お金がないという話をしてきたり、人間関係でうまくいかないという話をしてきたりして、これも自分の世界のことなんだなというふうに思うのですけれども……。

たとえば、夫がアレルギーをもっていて、昨日も症状を起こして倒れこんでしまいました。いつものことなので、適切な対処をすれば治るのですが、こういう時に、どのように自分の心をもっていったらいいのかなと。昨日の夜は少しざわざわしながら、彼を信じて、できるだけ落ち着いて、自分ができることをしようとしていました。そういうふうに、まわりの人がそうなっているのを

見ている自分というのを、どう対処していったらいいのか、教えていただければと思います。

ありがとうございます。もうひとつ、とても大事な質問をいただきました。


自分の問題ではなくて、相手の方を助けてさしあげたい時、どうするかですね。

まず、自分の心というのは、神の心と同じです。

その人の心と神の心も同じ。つまり自分とその人の心もひとつです。

この宇宙に異なる二つの心は存在しないし、異なる目標をもっている心も存在しません。つまり、彼・彼女にとっての幸せはこれ、でもあなたにとっての幸せはあれ、ということはあり得ません。私たちの全員の幸せは同じです。


彼の夢はサッカー選手になること、あなたの夢は絵を描くこと。これは一見、違うように見えますが、そうではありません。

彼は、サッカーを通して、豊かさと安全と安心とほんとうの自分を体験したいと思っています。あなたは――少なくとも今は――絵を描くことで、豊かさと安全と安心とほんとうの自分を体験することが達成できると思っています。

もしかしたら、二人とも間違っているかもしれません。彼はサッカーで身を立てることが悲願である。あるいは、この息子をサッカー選手にすることが親の悲願である。これはもしかしたら間違っているかもしれません。

ごめんなさい、話が少しずれるかもしれませんが、この時も、この息子のサッカー選手になるということは、目標ではなく、手段です。

ほんとうの目標は、母親の目標と同じ、ほんとうの豊かさとほんとうの自分を生きることだとわかっていれば、本人は嫌だと泣いているのに、「どんなことがあってもこの子を一流のサッカー選手にしなければ！」とひっぱたいて練習に行かせる必要はなくなります。

それからあなたも、「もう美大を出てしまったし、絵を描いていくと決めてみんなに言ってしまったし、親にも投資してもらっちゃったし、今になって音をあげるわけにはいかないから」といって、それでやろうと思う必要はありません。

自分が何かに夢中になっている時というのは、それがほんとうにうれしいので、その喜びが自分を正しいところに連れて行ってくれます。

でも、そうではなくて、決めたことだから、そうしなければいけないから、という思いでいくと、自分を苦しめることになります。そこには自分が求めているほんとうの幸せはありません。

自分が何をしようと、相手の問題が何に見えようと、ほんとうの自分に戻る、いのちの輝きを受け入れる、という皆に共通のただひとつの目的を思い出すことだけが大事です。その人の問題を見ているのは自分です。そして問題に種類も難易度もありません。すべての問題は、目的を思い出すきっかけに過ぎません。

問題に種類はありません。すべての問題の目標、ゴールは、ほんとうの自分に戻ることです。

「そうではなかった。私が見たいのはほんとうの私たちだった。問題のない私たちだったのだな」と思うことです。

自分がそれを思い出すことによって、問題があると言っている方々も思い出します。何故ならば、自分がほんとうの自分に戻ることによって、その方たちもほんとうの心というものを見られるようになるからです。

そうすると、幻想であった問題は視界から消えていきます。これが「ヒーリング」というものです。つまり、生きるということは、ヒーリングなのです。

私たちは、何か問題がある人を見ると、「私には何もしてあげられない」「自分の無力を思い知らされました」と思いがちですが、そうではありません。できることはただひとつ、そして、できることが自分にあるのだから、それをしなくてはいけません。

ぜひとも問題のある方々の光を見てあげてください。光を見させていただくことで、ご自分のほんとうの姿、光を思い出してください。

そうすると、「問題を見せてくださったおかげで、私は忘れていた自分を思い出すことができました。ありがとう」となります。

ですから、助けているのではなくて、助けてもらっているのですね。助けてもらうことによって、相手も助かります。完璧に平等な関係ということ、ほんとうに助け合っているということです。これが、人というのは自分の鏡だということですね。

神の計画とは

「自分で計画を立てるな」と、コースは言っています。

何故、自分で計画を立てるなというのか。計画を立てなければ、何も進まないではないか、と思いますか？　何かひとつのプロジェクトを遂行するにあたって、もちろんプロセスはあります。

セーター一枚作るにも、まず羊の毛を刈ってというところから始めなくてはなりません。それを自分でやろうとすると、足りないというプランでやろうとします。だから結果は〝足りない〟ものになります。

でも、自分で計画を立てるのではなくて、宇宙の意思の計画に従うということをやれば、同じプロセスであっても、すべてはふんだんにある、無尽蔵にあるという基準でおこなわれて、そのプロセスのどこを切ってもうれしいし、その結果は素晴らしいわけです。

ただひとつの心、愛には意志があります。すでに完璧なものに意志があるとしたら、それはどんなものでしょうか？　変化への意志でないことは確かです。さまざまな言葉で表せると思いますが、自由、平和、穏やかさ、麗しさ、豊かさ、調和、情熱、安心、しなやかさ、そうしたものは愛の意志、神の意志でしょう。すなわち、私たちがエゴで邪魔をしなければ、その意志は必ず、常に、成就しているということです。それを目撃するために、エゴを取り消す、ゆるしを受け入れる、ということが私たちミラクルワーカーの役割であり、幸せなのですね。

それからもうひとつは、奇跡というのは、ひとりでは経験できないし、ひとりでは喜びと豊かさは、見いだせないものです。常に誰かと共に喜ぶ。これがポイントですね。心がざわつく人ほど、自分の救い主です。どの方の問題を見ても、自分がそのようにとらえられるかぎり、問題は解決するし、相手の方の問題として見ているかぎり、問題はこっちの人からもあっちの人からも来ます。

ですから、いちばん感謝したくない人に、感謝できる心を養うといいですね。自分によくしてくれる人たちに「ありがとう」と言うのは、考えなくてもできることですが、その「ありがとう」の中に、私のこの製品を買ってくだされば、という条件が含まれているかもしれません。それは、その人に条件をつけています。その人を見張っています。「まさかあの人、買うのをやめないでしょうね」といつも思っています。そうすると、その人をコントロールしなくちゃ、という仕事が生まれます。もしかしたら、そのコントロールの仕方を間違うかもしれません。

そうではなくて、今、自分にとって何の役にも立ってくれなさそうな人、あるいは自分の足を引っ張っていそうな人、この人さえいなければと思うような人、その人に「自分の問題を全部ぶつけているな。こちらの人にいい顔をするための緊張と疲れを、ここに私はぶつけているな。この人に全部かぶせているな」そんなふうに思うといいですね。

ひとりに全部をかぶせてしまう人生というのは、黒い部分をできるだけ一点に集めようとします。このひとりだけを村八分にすれば安泰と思います。人生というのは、黒い一点はいつでもあるものだ、という人生を受け入れることになります。

この黒い一点は常に自分を脅かします。それが、罪悪感です。

人から「あなた、こうじゃないの？」と言われた時に、この黒い一点が反応します。そうすると、平和は乱れるし、満たされていたと思っていたはずの心はどこかにいってしまうし、またやり直しになります。

そんなことをする必要はありません。黒い一点は要りませんから、黒いところを探して、ここにほんとうは光があった、ということを見ることですね。

ありがとうございました。

豊かさの目標は「お金なし」

他にシェアをしてくださる方、いらっしゃいますか？

コースというのは全部実践ですから、ご自分の日常のあれこれに当てはめていくと、必ず疑問点が出てくると思いますが、どうですか？

質問者3　前半のお話にさかのぼりますが、ほんとうの豊さの目標といった時に、お金はなし、というお話がありました。もしかしたら聞き間違いかなあと思ったのですけれど、「家もいらないし」というのがひと言、入った時に、「うん!?」と思ってしまって。

お金がないというのが目標というのはなんとなく「ふむふむ」と思いましたが、「家がなくても」となると、たとえば、着る物がなくてもとか、その日に食べる物を準備しなくてもとか、そういうふうに自分の中で連想が広がってしまったので、ほんとうの目標の「お金がなくても」というところを、詳しく聞かせていただけたらと思います。

ありがとうございます。これもとてもいいポイントを突いてくださいました。

まず、「着る物がなくてもいい」ということですが、「着る物がなくていい」という人、いらっしゃると思いますか？　着る物がなくて裸で歩いている人、見たことがありますか？　ないですよね。着る物がなかったら、きっと誰かくださいますね。

たとえば、家もなくて、着る物もなくて、食べる物もなかったら、私は路上で野垂れ死にをするしかないのかしら、というふうにおっしゃるのをよく聞きますが、自分が野垂れ死にをするというのは、ずいぶん現実味のない発想です。社会的に見てもあまり現実味がありません。

まず、お金がなくてもいいのはどうしてかというと、自分で稼いだり、使ったりしなくても、ちゃんとくださる方がいるということにもなります。イエス・キリストは自分の家を持っていませんでした。買ってもいないし、借りてもいません。仏陀もそうです。キリストが、道で寝起きしていたかどうかは知りませんが、歩いて行って、出会う人出会う人を癒していったわけですね。あれこれ色とりどりのお洋服は持っていなかったでしょうが、ちゃんとお洋服をまとって、それで食事をして肉体を支えて、なさることをなさいました。

もっと言えば、私たちというのは、家もお金も食べ物も水も寝るところも、そんなものは一切いらない存在です。何故ならば、私たちは心だからです。一切、いらないんです。寝るところは必要でしょう、屋根は必要でしょうと思うのは、自分は、この身体そのものだと思っているからです。

私たちは身体に住んでいるわけではありません。私たちの心は、ホーリースピリットに住んでいます。神の内に生きています。この身体には私たちはいないんです。それがわかってくると、何もいらないということが受け入れられます。

家がなければ生きられないというのであれば、家がなくなる前に、先に身体のほうがなくなりますね。家はここにあるのに、私だけ家から遠ざかってしまう、という時が来ます。では、遠ざかった私はどこにいるのでしょう？　心は死にませんから、遠ざかったりはしません。だからそんな心配は不要です。

何もいらないんです。身体もいりません。何もなくたって、心は通じ合えます。愛は分かち合えます。

亡くなった方から愛をいただいた経験、ありませんか？　亡くなった方に、ごあいさつを送ってみてください。必ず、お返事が来ます。

亡くなった方は、お家もなければ、着る物もないし、食べる物もないし、でもちゃんとここにいて、ちゃんと分かち合ってくださいます。

心の内側に意識を向けて、心の声を聴き続けていると、その声を分かち合うために必要なものは自分で奮闘しなくても揃ってくるものなのです。どうぞ、ゆっくり、受け入れていってください。

質問者4　『奇跡のコース』を学び始めて、娘との関係も少しずつ改善されて、夫との関係もよくなってきています。

娘は、心の病気にかかりまして、今は、自立という問題がありますけれども、すごく元気になりました。私は娘を信頼していますので、自分の中で問題という見方は少しずつ消えていっていますが、夫が娘に対して、自立していないことや結婚していないことで、すごく関わろうするのですね。まだ学んでいないという言い方は変ですが、そういう情報に出会っていない夫からすれば、この世の比較の視点から関わろうとするその気持ちがわからなくもありません。娘に対する私の心もありますが、その娘との関係は少しずつよくなり、夫との関係もよくなり、でも、三人がひとつになった時、私の心がいつもざわつくんです。その時の私の心構えはどのようにしたらいいか、アドバイスをいただければと思います。

ありがとうございます。

まず、今、例を挙げていただいたことでお話しさせていただきますと、ご主人が、お嬢さまになさること、それがどんなに奥さまから見て「違うのではないか」と思っても、悪影響は一切ないから大丈夫です。先ほど申し上げましたように、エゴの部分というのは、一切影響を与えませんから。

でも、それを見て、奥さままでもが一緒にエゴになって、「それは違う。このやり方が正しい」とやると、これはもう闘いを見ることになります。

先ほどの「サッカーで幸せになる」「絵を描いて幸せになる」ことと同じで、この人はこれを通じて彼女が幸せになると思っているのだな、この人がほんとうに今伝えたいことは、「幸せになれよ。幸せになれるのだから」ということなのだな、ということです。

だから大丈夫なのだと奥さまがご覧になっていれば、たしかにそこで愛が受け取られます。ご心配なさることはまったくありません。そのようにご覧になってください。

もうけっして、「あなたがやっていることは間違いだ」「あなたがやっていることはエゴだ」「私のせっかくのこの豊かな心をあなたが台無しにする」そんなことはあり得ません。常にそうやって見ていることです。

エゴに対してあわてたり、闘ったりしなくていいのだということですね。あわてたり闘ったりするということは、エゴがほんとうにリアルだと認めることになりますから。

そこで、どぼんっとエゴの池の中に入ってしまうことになります。自分が飛び込むことによって、他の方々も一斉に飛び込みます。私たちはもうペンギンと同じです。

誰かひとりが飛び込むと、皆一斉にわーっと行きます。

私たち全員にとって大事なご質問でした。ありがとうございました。

成長したいと思うのはだめ?

質問者5　ありがとうございます。冒頭でドキッとしたのが、放っておくと、人との違いを作ろうとしてしまう、というのが、すごくあるなあと思いました。自分はもっとこういうことができるようになりたいから勉強したいとか、この場に来ているのも、違う自分に出会いたい、成長したい自分がいるからです。そういう自分にならないと、分かち合えないのではないか、というような葛藤もすごくあります。ただ、その違いを作ることが違うのだ、ということを聞いて、このもやもや感とどう向き合っていけばいいのか、ここに来ているのも間違っているのか、こういう技術を身につけたいと思うことが間違っているのか、と悩んでしまうのですが、そのことに関してアドバイスをぜひいただきたいと思います。

ありがとうございます。

技術を身につけても、自分をよりよくしようと思っていろいろなお勉強をなさっても、資格を取っても、まだまだだめな自分がそこにいるばかりです。まだ自分は完全ではないという、不完全燃焼感を抱えたままです。

つまり、今の自分を見て判断してもらいたくありません、という態度で人生を最後まで行かなくてはならないことになります。

自分というのは、もともと完璧な存在なので、変わりません。でも、この人生でずっと行く、とは言われたくないわけですね。これはまだ自分ではないと思っています。

もちろん、そうです。

今の自分では全然だめだ、というところから出発しなくては、だめです。何がだめなのかというと、自分のことを勘違いしているからです。

先ほどから申し上げているように、「足りない、足りない、まだまだだ」という自分、怒りがあったり悲しみがあったり、ああでもないこうでもないと揺れ動く自分、このエゴの部分が自分だと思っています。そうではないのがほんとうの自分なのに、見過ごしています。

何故見過ごしているかといえば、間違った自分のセルフイメージにとりかかるのに忙しくて仕方がないからです。


お帰りになるまでにはっきりさせていかなくてはならない、ここでの目的は、今まで見てこなかった自分というものを発見することです。

発見した自分はまだまだ小さい赤ちゃんかもしれません。陽にあててもらったことがないから皮膚も弱いです。それをゆっくりと育ててあげなくてはなりません。いったんほんとうの自分に触れたら、そこから離れないことをこれから毎日やらなくてはなりません。そして、ほんとうの自分として人と接することです。


たとえば、お父さんやお母さんが「この歳になって何をやっているの」とおっしゃったとします。その時に、今までの自分だったら、ズキッ、ドキッとなりながら、反抗もしたでしょう。「テメエの顔を見てみろ！　トンビから鷹は生まれないんだ！」と言いたくなって、そこでごまかします。

ですが、ほんとうの自分を知った心は、親が今、自分を心配している、恐怖心や心配を通して、自分を愛していると伝えてくれている、心配してくれているのはほんとうは愛なんだ、と見ることができれば、ズキッとドキッはなくなります。

「こんな歳まで、何をやっているんだ！」と言われて、「ありがとう、心配してくれて」と言える息子は、頼もしいですね。「ありがとう。でも僕は大丈夫。しっかり愛されているから、大丈夫」。口に出して言えなくてもいいですから、そのように対処できたらいいですね。

たとえば、自分は自信がないから黙っています。でも相手は、「なんだ、このやろう。俺を見下しているのか？」とムスッとするかもしれません。そうすると、自信のない自分は、ますます自信がなくなります。もっとよりよい自分にならなければ、と、そこでスピーチの勉強をしてもだめですね。

そうではなく、何か聞かれた時に、自信がないということを脇に置いて、自分が知っていること、自分が与えたいことを表現すれば、相手は必ず受け取ってくれます。受け取ってくれると、自信がついて、何を伝えたら自信がつくのかわかってきます。

正しい道を常に歩く

今までは、相手が知らないことを僕がどれだけ知っているか、どれだけ教えてあげられるかが大事でした。

でも、自分のところに来てくれた人に、愛をもって、思いやりをもって、自分ができることをしてさしあげるということに重点を置くならば、それがいちばん感謝されることであり、それが唯一自分の自信を培うことになるのだと気がつきます。

そうすると、宇宙は、自分がもっているさまざまな能力や経験、自分ひとりがもっている状況を、完璧に使ってくれます。

たとえば、自分に障害があるというのもそうです。

鳥取県で生まれました、静岡県で生まれました、一九七〇年に生まれました、一九三〇年に生まれました……。その生まれた年々で社会的状況も違い、そういった意味では一人ひとりみんな違います。違うスキルを身につけています。でも、私たちは文句を言うことは知っていても、その使い方を知りません。

だから、それを完璧に使ってもらって、自分がもてるものを全部実現させないかぎり、気がすまないのですね。どうすれば気がすむかといえば、実現したそれを見ることです。そうすると、自分が日々、何をやるべきか、どこに導かれているかがわかるようになってきます。

ほんとうの喜びを体験するために、夢に向かうためにサッカーを与えられる人もいるかもしれません。だからといって、サッカーの練習が日々喜びにあふれているかといえば、そんなことはないと思います。いやなことがいっぱいあると思います。人間関係の問題もあるでしょうし、身体がついていかない、疲れた、試合に負ける、先発にもれる、そんな時には自分には才能がないと落ち込むこともあるでしょう。

では、自分はサッカーではなくて、今のうちに経済学部に行って何かやったほうがいいのではないか、と、うろうろするのではなくて、今は与えられているこのサッカーという状況を通して、自分をほんとうに実現させたい、というところに心をシフトさせていれば、必ず今日の練習を通じて、行くべきところに連れて行ってくれます。

つまり、行くべきところにきちんと行くには、正しい道をいつも歩いていなくてはならないということです。

正しい道というのは、これをやれば大丈夫ではないかという道ではなくて、これが完璧な宇宙で、完璧な人生を体験する道なのだということを、常に忘れないで歩くということです。そうすると、めぐりくることはすべて完璧になります。

人と出会って恋愛しても、この人がソウルメイトかどうかをジャッジする必要はなくて、今ここに来てくれて、自分の心をとらえた人、この人と今は完璧な経験をしていこうと思えばいいんです。

そうすると、その関係は完璧なものになります。もしかすると、一年後にまた別々のところに行くかもしれないし、あるいはゴールインするかもしれません。どちらにしろ、「会えてよかった、ありがとう」という関係になります。

そのように生き始めると、すべての出来事がそうなります。人生を振り返った時に、今まで見過ごしてきた道も、実はずっと完璧な道だったのだとわかります。口うるさい親が、ほんとうは自分を慈しんで愛していたことがわかります。自分にとってのズキッとドキッのために、すべての局面に反発していただけなのだとわかります。

これが今日の学びの目標です。ある意味、心の使い方の技術になります。

この心の使い方の訓練というものを避けては、他の何をやっても絶対に無理だし、何かをやる時に、愛の中に入ってやらなければ、どんなこともいい仕事にはできません。何かを得るためにする仕事は、いい仕事になりません。与えるためにやる仕事だけが、いい仕事になります。これも先ほど申し上げましたが、心全体を与えるところにもっていかなくてはいけません。

皆さんは、心の半分以上を与えることはやっていらっしゃると思いますが、何十パーセントかは得るためにやっていらして、だからそこで時々葛藤が起こります。百パーセントです。百パーセント、愛だけを与える。百パーセント、豊かさを与える、喜びを与える、安心を与える。常に安心を与える人であってください。何を通してでも、安心を与えられる人です。

今の自分は、「そうか、自分は与えるのか」と思っているし、「与えられなかったら、どうしよう？」「わからなかったら、どうしよう？」「パートナーに迷惑をかけたらどうしよう？」と思っています。そういう気持ちをできるだけもたないようにします。でも、自分ではそれができないことがわかっているので、ほんとうの自分、ホーリースピリットにお願いします。

ホーリースピリットというのは、自分の心の中にいて、自分の足りないという幻想のエゴから、ほんとうの自分へと引き戻す役割をしてくれている存在です。

この存在は、心の中にいるけれども、私たちは心の中にいるようには感じられません。遠いところにいるようにしか思えないので、遠いところにいるホーリースピリットにごあいさつを送ります。

たぶん、前方の、まだ姿が見えないほど遠くのほうにいらっしゃるホーリースピリットに、ご自分の心の奥から「こんにちは」とごあいさつを送ってください。そして、ご自分のところに戻ってきてくださるようにお願いします。

そうすると、ホーリースピリットが、ゆっくり近づいてきます。敏感な方は近づいてくるエネルギーが感じられるかもしれません。感じられなくても、「ああ、近づいているのだなあ」と思ってください。そのように思うことが大事です。

ホーリースピリットが近づいてきて、ご自分の中にすっぽり入ります。あるいは、ご自分がホーリースピリットにすっぽり包まれます。かすかな、わずかな感覚です。そうしたら、ホーリースピリットに、「私がこれから感じるものを、私が信頼して受け取れるように、助けてください」。そのようにお願いします。

信頼して受け取るということは、与えて、そして戻ってくるものを怖がらずに感じることです。

抵抗せずに感じることです。何も感じない、というのは、嘘なんですね。感じるのを拒んでいる状態です。だから、「感じられるように助けてください」とお願いします。

あとはホーリースピリットが全部やってくださいますから、ただ委ねていてください。

過去は一切関係ない

自分が信頼しているのに、相手が信頼してくれないということは、あり得ないんです。相手が自分に対して心を開かないことがあるとすれば、それは自分が開いていないのですね。私とこの人は違う存在だと思っています。

私とあなたは同じです。私が信頼するということは、私たちが信頼するということです。そういう気持ちにご自分がなっていれば、その関係は信頼以外の関係にはなり得ません。

難しいのは、自分が相手を信頼することです。

人生で誰に出会っても、私がこの方を完璧に信頼できますように、と、ご自分で思うことですね。知らない人はどんな人かわからないのですから、信頼しようと思っても難しいので、「この人を信頼できるように助けてください」とお願いします。そうすると、それができます。

たとえば、「信頼できるように」と願った相手の人が、他の誰からも評判が悪くて、嘘つきで、いつもいろいろなことをごまかして、まわりの人をひどい目にあわせている人だとします。

そういう評判を聞いたうえで、その人が今、目の前にいます。

もちろん、エゴは警戒します。「私はだまされてはいけない」と。その時、ホーリースピリットに「信頼させてください」とお願いしてその人に接すると、その人はたしかに今までは人に対して嘘をついたり、ごまかしたり、ずるかったりした人かもしれないけれども、今、自分に対してだけは、ほんとうの気持ちを見せてくれます。

そうすると、その人は、今までは他の人を信用できなくて、嘘ばかりついていたけれども、心を開いても大丈夫なのだという経験をしてくれるので、信頼するに足る人間に変わります。

だから、その人が過去、何をしていたか、何を言っていたかは、どうでもいいことです。その人と自分が今、癒しを体験することだけが大事です。

「自分はこのままでもいいのだ」とその人が思ってくれること、そして自分がその人をほんとうに信頼できるという体験、これが大事です。

家族に対しても、その人が今まで、どんな失敗をしたか、どんなに何年も無駄な時間を過ごしたか、あるいはとんでもないことをしでかしてくれたか、そんなことはどうでもいいんです。

今、その人と自分が、一緒にそこから出られること、ほんとうに信頼できて、安心できて、完璧な存在をお互いに見ること、これだけが大事です。

相手のすることなすこと、けっして批判などしないということですね。そのように対人関係というものは変わってきます。

関係というものに、どうして私たちが苦しむかというと、自分はだめなのではないか、相手が自分をほんとうには受け入れてくれないのではないか、という震える思いがあるからです。

若い方々の恋愛は、それがいちばん立証されたかたちですね。相手に好かれたい、でもこの人は私のことどう思っているのだろう、私のすることなすことが、この人にどう映っているのだろう、と、そのように震える心というのは、もともと震えているので、相手がどんなに自分を受け入れる行動をしてくれても、やっぱり私はだめだと思います。絶対にそうです。

どんなに相手が、素敵だね、ということを示してくれても、その素敵だね、の言葉は通りません。「君は素敵だね。美味しそうに食べるね」と言った時に、「たくさん食べるね」と受け取って、「やっぱり私のこと、太っていると思っているんだわ」となってしまいます。

私たちの人生というのは、そういう誤解の連続です。だから、今申し上げたように見るということですね。

質問してくださった方、いかがでしょうか。答えになっていますか？　自分のもてるものすべてを使ってほしい、と思い続けてください。でも、使ってくれるのはこの社会ではありません。真の自己が使うのです。ホーリースピリットが使うのです。聖なる存在に使ってもらい、祝福されているご自分を実感なさってくださいね。

リーディングはお互いが癒される時間

リーディングというのは何かというと、相手のことを当てるお遊びではありません。「あなたあれでしょう？」「当たってます！」という占いではなくて、スピリチュアル・リーディングと呼んでいるものは、ヒーリング、癒しであり、お互いに今ここで救われる、もっと正確に言うなら、「二人共、もう癒されていたんだね！」と気づき、それを喜び合う、というきらめく時間です。

相手の方のスピリットにごあいさつを送って、相手の方のスピリットを感じてそれをお伝えするというのは、いつもやっていますね。

リーディングは、まず、相手のスピリットの輝きを丸ごと受け取る、いただく、というところからスタートします。そしてそれがゴールでもあります。私たちは、持っている自分が足りない人に何かを与えるとか、その逆を行うことはできません。足りている人と足りていない人が存在するのは、エゴの幻想ドラマの中だけのことです。

二人共が目撃し同意する時、それがリアルになります。相手の足りなさを見る時、相手は確かに欠陥がある未熟な存在になります。同時に、自分自身もまた、そうなります。何を見ても、何を感じても、それらは全部自分自身、つまり私たちは自分のことしか見られないのですね。

相手の光を受け取ると、その光こそが、今、自分が欲していたものだった、癒しのために必要としていたのはこれだった、自分は、自らの内の、これをこそ思い出す必要があったのだと気づくことになります。

自分が受け取ったものは、二人共にとって、〝見られる〟必要があったものだったわけです。隠されていたもの、ないとされていたもの、忘却の彼方に押しやられていたものだったということです。

相手を受け取るということは、自分を受け取ることなんですね。

リーディング練習中に、ご自分が受け取ったものを、美しく表現してくださった方がいました。

「こちらにピンクの色があって、あちらにこういう緑の山があって、ここに宝石のきらめきのようなものがあって……」

と、印象派の一枚の絵の描写を聞かせていただいているように感じました。ゴッホが弟のテオに当てた手紙に、自分の最新作を、このように書いていて、彼は物書きとしても素晴らしいのだなと思ったことを思い出しました。

ところが、そこまで完璧に受け取っていながら、

「何でしょうか、これは？　なんだかさっぱりわかりませんね」
と、おっしゃるんです。

〈会場　笑い〉

なんだかわかりませんどころではないんです。ほんとうに色彩豊かな、それがご自分です。

色彩豊かというのは、いろいろな意味合いがありますが、シンプルに、いろいろな色、いろいろな自分というものがいるのだ、このピンクの色合いの部分も、緑の山の部分も、この全部が私なのだから、これ全部を楽しんでいいんだ、ということです。

いろいろな楽しいことをなされればいいし、いろいろな色のお洋服を楽しめばいいし、いろいろな違う人たちと出会って、いろいろなお仕事をしたっていいわけです。それが自分なんだ、ということですね。

あるいは、青一色の空です、青々としたこれが自分です、もうこれでいいんです、という方もいらっしゃいます。別に違う経験は必要ないのだ、これだけでいいのだ、という方がいらっしゃいます。そういうことです。

相手の方のことを見てください、と私が申し上げていたら、もしかしたら「こういう絵です」とおっしゃったかもしれませんが、自分のことだから、逆に「何でしょう？」となったかもしれませんね。

美しいもの、素晴らしいものは、全部、自分です。それを人に見せてもらったのだから、自分も、この自分を見せること、すなわち人に与えることで、増えることはあっても、減ることはありませんね。

質問者6　ホーリースピリットにお願いしたら、こんなに大勢と思うくらいたくさんの亡くなった方、お祖父さんと、父と母と、それから兄夫婦が、こんなに？と思うくらい皆喜んで出てきました。いつもお祖父さんがいることはわかっていましたが、もう皆楽しんで、見ていてくれているということが、ものすごくリアルでした。

母は、まだそんなにたっていませんが、私の腕の中で息を引き取りました。悲しいどころか、その時には、ものすごい祝福がありました。最初は感謝と喜びで、それが言葉とは違うものだったんですね。よくこれを「感謝」という言葉にしたなと感心するくらいの、初めての体験をして、腕から母を下ろすことができなくて、硬くなるまで抱いていました。

その時の喜びの感じを、兄弟と分かち合えなかったんですね。それで、SNSでコミュニケーションしていたものですから、知らない人たちにシェアさせていただいて、これが至福というものなんだと感じたのが、今、全部出てきて、それを相手の方に与えさせていただきました。

「私のすべてを与えます」とやって、あまりかたちは見えなかったのですが、温かい愛情のようなものを感じて、後でシェアし合いましたら、お父さまが癌で、二日前に、もうあまりいのちは長くないと聞いたばかりだったと伺って、それから青い空が見えて、黒いものがちょっと飛んでいるということを教えていただきました。

私は自然の中にいるのが好きで、青い空は毎日見ていないといられないような生活をしています。母が亡くなったことや、皆がいっぺんに逝きましたが、今、兄弟と仲良く暮らせていなくて、なかなかシェアできないことが心に引っかかっているので、それが黒いものが飛んでいたというふうに見せていただいたのかなと思っています。以上です。

ありがとうございます。お名前を何とおっしゃいますか？

質問者6　Sと申します。

Sさん。ありがとうございます。

もう一回申し上げますけれども、ご自分が今日見たものは、ご自分です。

質問者6　あ、そうか……。はい。

ですから、Sさんが何をご自分の中に見たかというと、まずご自分が亡くなった皆さんに支えられている存在だということ、愛されている存在だということ、それからこの亡くなった方々のいのち、という言い方をすると変ですけれども、亡くなった方々の心を生かしていく役割をこの地上でもっている方なんです。

Sさんが、それこそ与え尽くしたお母さまの心を、やはり生かしていかなくてはいけません。与え尽くすということをさせていただいたお母さま、お祖父さま、皆さんの心を、そのすべての心をまた皆さんに与えていくことをなさっているのがSさんです。それを再確認なさったのだと思います。

今、皆さん、ほんとうに喜んでいらっしゃいます。

質問者6　そうなんです。

ありがとうございます。

ホーリースピリットは教えたがっている

主催者　私は、人数の関係でパートナーの方がいらっしゃらなかったので、皆さんに対して与えさせていただきました。光しか見えませんでした。光だけが戻ってきました。たくさんの光がどっと戻ってきて、それに感動して、涙があふれ出ました。ほんとうに私もそれ以外の人も、光しかないんだなということを見せていただきました。今回、こういうふうに会を開催させていただいて、すでにこうして皆さんに戻していただいたのだなあと、皆さんを通して見させていただいたのだなあと、とても深い思いで感謝をいたしました。

ありがとうございます。

自分を見失いそうになったら、今のように目の前の人が見せてくれます。ちょっと前に座って、と、言わなくても、何を自分が与えられる人なのかということがわかります。それだけを見せてください、というふうに、毎朝、ホーリースピリットに見せていただくといいですね。

与えるということは、自分のすべてを与えることです。日常でも、いつも、すべて、与えてください。相手は自分ですから。私たちは、自分自身にしか与えることはできませんから。

『奇跡のコース』を筆記なさったヘレン教授と、彼女を支えたウィリアム（ビル）・セットフォード、通称ビルという教授がいます。

このビルもヘレンも、職場の人間関係ですごく悩んでいました。コロンビア大学の臨床心理学の教授たちというのは、熾烈な世界で、派閥があったり、いろいろあるわけです。

それで、こんなストレスフルな職場はいやだ、こんな人生はいやだ、違うやり方があるはずだ、と、二人が言った時から、このイエス・キリストが出現しました。

ビルには、どうしてもこの人はゆるせない、どうしてもこの人は嫌だと思う女性の同僚がいました。

雨の日に、ちょうどビルが自分の車で出て行こうとした時に、その彼女がやって来ます。嫌いだから口もききたくないし、顔も見たくないけれども、その時ビルは与えるということを思い出して、自分の車を回して、「どうぞ、お乗りください」と言いました。彼女の家はべつに通り道でもないのだけれど、激しい雨の中を送り届けてあげて帰りました。

これは親切な行為ですね。彼の気持ちもよかった、彼女も「ありがとう」と思ったと思います。

それで何が起こったかというと、それ以降、ビルは、タクシーを待つ時に、手を上げようとするとすぐ来るという人生に変わりました。タクシーを待たなくなったのです。

どうしてこういった面白い奇跡が起こるかというと、彼が与えるということをして、それが正しいことをイエス・キリストは見せたいのです。ホーリースピリットは常に、「それだよ！」ということを教えたくてたまらないんです。

だから、単に感謝されるだけだったなら、親切に車を回してあげたのだから、感謝されるのは当たり前だよ、となって、それで終わりになってしまいますが、それ以降、タクシーを待つ必要がないんだ、となれば、違いますよね。

ニューヨークという街は、時にタクシーをつかまえるのがすごく大変ですが、ビルには、来るんです。そうすると、「あれ？」と思いますね。「あれかな？　あの時かな？」と思うわけです。そういうことをホーリースピリットは見せてくれます。

どんな奇跡も見逃さないようにするというのはそういうことで、スピリチュアルな生き方をすることと、タクシーがすぐつかまること、こんな俗っぽいこととはつながらないと思ってしまうと、見過ごします。

そういうことを「ありがとう」と喜ぶ、そういう小さなコミュニケーション、天使のささめきといってもいいようなユーモラスを、楽しめる人生だと、ますます与えることを、「与えなきゃ」ではなくて、ほんとうに軽やかに、優しく、遊び心をもって、それからセンス・オブ・ワンダーをもってやっていくことができると思います。

そろそろ最後になりますが、ご質問がある方、いらっしゃいますか？

完璧な関係をもつことだけを目標にする

質問者6　今日は、ほんとうに素晴らしい時間をありがとうございました。

今の最後のお話に通じると思いますが、現場で中間管理職の私から見ると、上の者と下の者といいますか、その中間に立って日々、ついつい目の前の作業に追われて、自分の感情に流されたりとか、先ほどのズキッとかドキッとか、否定されているという思いとか、いろいろな感情が出てきます。そういう時に常にホーリースピリットにつながって、私は正しい道を行っているのか、この行動は正しいのかどうか、ということができればいいのですが、なかなかそうならずに、一日の最後に非常に疲れ果てて終わることが多くあります。もちろん訓練という段階を追っていかなくてはならないことはわかりますけれど、日々、生活していく中で、いろいろなことはできないので、ここだけはポイントとして押さえなさいということがあれば、アドバイスをいただきたいのですが。

やはり、素晴らしいですね。最後にちょっとお話しさせていただこうと思っていたこととぴったり一致しています。仕事をなさっている皆さんに、最後にお話ししようと思いました。

前回出たご質問に、どれほど心だといっても、やはり納品には間に合わなくてはならない、ビジネスのこのレベルには達しなければならない、これは行わなくてはならない、そういうことがありますよね、とおっしゃった方がいらっしゃいました。

そんなものはできて当然です。もし私たちが心だけを見て、光だけを見て、自分の完壁さを常に忘れないように、忘れたら思い出すということをやっていれば、その他のことがうまくいくのは、当たり前なんです。

当たり前にうまくいくことを、うまくしなくちゃと思っていると、うまくいくことがうまくいかなくなります。

〈会場　ざわめきと笑い〉

だから、放っておいてもうまくいくことに汲々《きゅうきゅう》としていてはいけないということです。

たとえば、職場で、やらなくてはならないプロジェクトを、あるいは達成しなくてはならない数字というものに心を置いたら、緊張と疲労、葛藤と文句で、ぐちゃぐちゃになります。

そうではなくて、どんな時でも、今一緒にプロジェクトをやっている部下であるなり、上司であるなり、その方たちと完璧な関係をもつということだけに意識を向ける。

つまり、このプロジェクトを通じて、私とあなたが最高の時間をもてるようにしよう、と、思わなくてはなりません。

最高の時間というのは、八十パーセントくらいで最高、というのはあり得ませんから、ほんとうにお互いに完璧だった、つまり、先ほどのリーディングのように、「ああっ！」という時間をもてるように、二人共が「よかったね。光を見たね」と言えるような――口に出さなくても大丈夫です――それがすべての目標です。それ以外の目標を人生にもち込まないでください。そうすると、それ以外のことは全部それについてきます。

相手を説得しようとする時も、「なんとかして説得して、この人に『うん』と言わせよう」と思わないことです。この人と私が今ここで最高の時間を過ごせるように、私が全部を与えられるように、それだけを思っていてください。

そのためには、この目の前にいる人が、私の人生に必要だという概念を全部捨て去ることです。

この人が目の前にいるのは、自分の心を映し出してくれるためであって、自分の生活を潤し、自分の日常を助けてくれるためではありません。

あるいは、自分の孤独な人生を慰めてくれたり、自分をいろいろ笑わせてくれたりするためにいるわけではありません。

この人は、私の心を映し出すためだけに来てくれている、私が与えて、それを一緒に分かち合う、その役を買って出てくれているだけなのだということです。それ以外の役目を相手に押しつけないでください。


そうすると、その場で何かが起こるというわけではないかもしれませんが、次の日に、あるいは一年後に、やっぱりあの時のあの短い出会いは、こんなふうに大きな実を実らせるのね、ということになります。必ずそうなります。

もしかすると、すぐに何かは起こらなくて、「十年経っても何も起こらないけど、あの方、どうしていらっしゃるかしら」「二十年もお会いしていないけれど、どうしていらっしゃるかな」、そのほうが楽しみかもしれないくらいです。


だから、今まで人生で出会ったすべての方々に、あるいは、うまくいかなかったすべての方たち、説得しても「うん」と言ってくれなかったすべての人たちに、今の私だったらこうしてさしあげられる、となりますね。

あの時、どうして私はああだったのだろう、心が狭かった、私は自分が怖いあまりに遠ざけてしまった、相手を悪く言ってしまった、相手を傷つけてしまった、そんなふうに思っていらっしゃる方は、自分の傷としてもつ代わりに、今、その人たちと関係を改善できますから、その人たちに心で、自分を与えることですね。必ずそれは相手に届きます。必ず助けてくれます。

それはどんなふうに返ってくるか、どんなふうに助けてくれるかということを、ホーリースピリットは見せてくれます。

ホーリースピリットはお茶目な存在

ひとつ、最後の最後にお伝えしたいのは、この宇宙というのは、神というのは、ホーリースピリットというのは、厳しい存在ではないということです。お茶目なんです。

〈会場「えーっ！」という声があちこちから出る〉

お茶目な楽しい、優しい存在です。ただ、厳しく感じるのは、完璧な自分を思い出すまでの間です。

私たちはぐずぐずして、「ちょっとこいつにもう少し言ってやってから、ほんとうの自分に戻るから」「この落とし前をつけてから、戻るから」というその時間が長いだけです。

でも、戻れば、すぐに見せてくれます。優しいんです。

「君はまだまだだから、もっとレッスンをしなさい」「できていないから、こらしめてやろう」なんて、そんなこと絶対にないですから。

『奇跡のコース』を学ぶ実践書』にもありましたけれど、レッスンを怠けてしまった方は「夜だけがんばってみるか」と思ったりしますが、そんな必要はありません。二倍やっても「君は特別かわいいよ」と言ってくれない代わりに、レッスンに帰ってくれば「おかえり」と言ってくれる存在が、ホーリースピリットです。

もっと自分を委ねる、もっと甘えることですね。

お父さんやお母さんに、いつまでも甘えているんじゃない、という言い方がありますけれども、やはり安心して頼ってくれれば親はうれしいですし、ホーリースピリットも安心して頼ってくれて、つまらないことも頼ってくれて、いろいろなことをいろいろ言ってくる、そういう私たちのことをほんとうにかわいがってくれますから、かわいがられるという経験を重ねてください。

それから、ビジネスのことでもうひとつ。

ゴールの定め方を人間関係にするということを申し上げました。

もうひとつは、今ないものを生み出すことはできない、そして増やしていくとは、数少ないものを増やしていくことではないということです。

無尽蔵にあるものを、自分の心はまだ全然閉じていて、一万もあるのに、三つか四つしか見ていないそれを、一万のものすべてを見たいと思うことです。

まだ見ぬ成功というのは、遠いところにあるのではなくて、自分の内にあって、まだ自分が見る準備ができていなかった成功です。

何故準備が整っていなかったかというと、自分を成功に値する存在なのだと思っていないからです。自分はそんなものではないと思っています。自分はただの路傍の石で、輝く宝石とは違います、と思っているからです。

自分が受け入れれば、自分が想像できるかぎりの最高の美しさと豊かさはすでにここにあります。ここにあるから想像できるのです。ここにあるから夢見られるのです。
だから、私は突拍子もない夢を見ている、自分はわがままずぎる、身のほど知らずだ、と、そんなふうに自分をいじめないでくださいね。

あわてる必要もありません。急に奇抜な行動をとって、家族を大慌てさせる必要もありません。エイヤッと清水の舞台から飛び降りるような、そんなヒヤッとする思いをする必要もありません。
それよりも今、目の前にいる人の見方を定めることで、自分がエイヤッとやる以上に、大きな飛躍というのは用意されますから。

今日、お話しさせていただいたこと、皆さんが分かち合ってくださったことを、心にもって帰ってくださいね。皆さんをまたお訪ねする日をほんとうに楽しみにしています。

ありがとうございました。

〈会場　拍手〉

サンシップに明け渡す

二〇一一年十一月二日 仙台市内で開催されたセミナーから一部収録

リーダーシップとは何でしょうか。誰もがリーダーです。そうであろうとしてもしなくても、あらゆる関係性は、お互いにリードし合いながら、変化し続けています。リードが丁寧になされていれば、そして、相手のリードに注意深く耳を傾けていれば、その関係は育っていき、変化ではなく、変容を共に目撃することになるでしょう。

何気ない会話も、しりとりのようなもので、次の人が前の人の発言のどこを掬い取って何を加えるかによって、その方向が決まるもの。社会全体も、そのようにして動いていくはずです。

今日はこうして足を運んでいただいてありがとうございました。それから今日こうして、お元気でいらしてくださって、ほんとうにありがとうございます。皆さんとお目にかかれて感無量です。この東北、近郊からいらしてくださった方、遠方からいらしてくださった方、ありがとうございます。

ヒーローであれ、チャンピオンであれ

今日は特に、皆と手をつなぐということ、ヒーローであるということを、お一人おひとりの心にもち帰っていただけたらと思います。

私たちは、抜きん出るために、人と違いを作るために努力することをしがちです。そうしないと、この社会の中で生きていけないと思っています。

ここでのヒーローであるというのは、他の方よりも抜きん出るということではありません。ヒーローとは、皆が真に、いかなる意味でも平等であって、同じだということをわかっている人のことです。同じだから手をつなごうということができる人のことです。

どの世界にもチャンピオンがいます。チャンピオンはたしかに抜きん出た人がなるよ

うに見えます。

でも違います。チャンピオンというのは、誰がなるのだと思いますか？　トロフィーでもベルトでもかまいませんが、それを他の人にパスしていける人のことです。二年間、チャンピオンシップをもったら、それを「じゃあ、君、お願いね」と、渡していける人のこと。ちゃんと先代から受け取り、しっかりそれを自分のものとし、またそれをパスしていける人のことです。


皆さんはヒーローであってください。ちゃんと受け取って、パスできる人になってください。それは、すべての人間がするべきこと、してきたことに、自分も参加するということです。

正しい心、正しい光を皆と積極的に分かち合おうという行動は、人を引っ張ることではなくて、人の営み、真のいのちに加わることです。それがチャンピオンの使命だし、ヒーローの使命、つまり、あなた方の使命です。

「ヒーローというのは抜きん出た人ではない」と言いました。「真のいのちの営みに加わることだ」と言いました。それからもうひとつ、「常に平等を見る人だ」と言いました。人と自分に違いを作るのではなく、違いを見るのではなく、同じものを見る人、ワンネスを見る人です。

思いがけないことが起きた時、「冷静になろう。冷静でいよう」と思えること。それは、自分に湧き起こってくる感情、涙、怒り、嘆きといったものを押し殺すことではありません。それをもちつつ、心の中に静かな澄んだ湖があることを忘れないことです。

私たち一人ひとりがハートにきれいな湖をもっています。この湖の静けさをもって、物事を見ることです。何を見るにも、すべての風景を、ご自分のハートの心の湖の水面に映し出して、それを見る人です。

それからヒーローというのは、私たち全員が神から受け取っているもの、つまり、物を、人を慈しむ心を、慈悲の心を、それらを受け取り、それをまた表現できる人です。

それからもうひとつ、失うことを恐れない人です。お金は使ったら減ってしまう、体力も気力も使ったら減ってしまう、時間も減ってしまう、人生も減ってしまう、才能も減ってしまう。そのように出し惜しみするのではなくて、使えば使うほど、増えるという経験を知っている人です。

何故使えば使うほど増えるのか。それは、使えるものは心しかないからです。私たちはお金を使ったり、体力を使ったり、時間を使ったりしているように見えますけれども、そこで心を使っています。心というのは、使っても減りません。使えば使うほど広がっていきます。その経験を重ねる人がヒーローです。

同じことですが、自分が恐れを見ないし、全員が同じだと知っているので、人を恐れることがありません。人を恐れるとはどういうことかというと、「この人の求めているものは、私が求めているものとは違うだろう」という思いのことです。「私にとっての幸せと、この人にとっての幸せは違うかもしれない」という疑いです。これはナンセンスです。誰もが同じ心をもっています。誰もがその同じ心を「同じだね」と手をつなぎ合いたいと思っています。それを忘れない人が、ヒーローです。

それから、いつも申し上げていることですが、この宇宙にはただひとつのエネルギーしか存在しなくて、愛しか存在しないし、完璧な調和しか存在しないことを忘れない人もヒーローですね。

この愛・調和のエネルギーと相反するエネルギー、よくないエネルギー、ネガティブなエネルギー、そういうものは一切存在しません。

もしそれらが存在するとしたら、この宇宙は、信頼するに足るものではなくなってしまいます。私たちの人生は、信頼して生きるに値しないものになってしまいます。でも、この宇宙は、まったくひとつの愛のエネルギーでできています。

ということは、宇宙の中に生きている自分は、完璧な存在です。自分でいじったところだけ、少しいびつになっていたり、ひしゃげていたり、黒くなっていたり、固まっていたり、いろいろしますが、いじっていなければ、完璧です。それを忘れないことです。完璧ではなく見えるところというのは、全部、自分がいじったところですから、それを忘れない人もヒーローなのですね。

ですから、ヒーローというのは、自分がいじっているところを見て、まず、いじるのをやめようといえる人ですね。いじるのをやめて、では、隠れているところを見るにはどうすればいいかというと、一緒に見ればいいんです。

もういじってしまったし、自分には完璧なものなどないと思っていますから、ひとりではなかなか怖くて見られませんが、一緒に見ることができれば、いじって黒々としたところはすべて消えることになります。

また、同じことですけれども、ヒーローは、この宇宙には他人は存在しないことを忘れない人のことです。

全員の幸福が同じであり、目的が同じだということは、全員の心はひとつだということです。他人は存在しません。何を見ても、この目の前にいる彼・彼女は、自分の心の一部です。

だから他人を怖がる必要はありません。他人がすごい形相で自分のところに向かってきたら、私はいったい何をやろうとしているのだろうと思ったらいいのです。誰かが自分のことをばかにしたら、何故私は自分のことを自分でばかにしているのだろうと思えばいいのです。何故こんなに自分で自分のことを痛めつけているのだろうと思えばいいです。

ここまででご質問がある方、いらっしゃいますか？

質問者1　質問というよりも少しお話ししてみたかったのですけれども、客商売をしていると、お客さんの反応、つまりクレームが怖いところがあって、お客さんに喜んでもらうというよりは、お客さんのクレームを防ごうというふうに、自分の意識が働いているなと思います。そういうことも、そういう心がけで変わるものなのでしょうか。

すぐ変わります。もう、変わりました。

質問者1 あ、そうなんですか。

〈会場 笑い〉

大丈夫です。もう変わりました。

一生懸命してさしあげているのに、お客さまにとってよきことにならず、お客さまに怒られたり、ひどい思いを与えてしまうということがあり得ると、思う必要はありません。

自分が誰かのことを傷つけたり、蹴落としたりすることは、実はできないことです。

不可能です。何者も、何者をも傷つけることはできません。全部、自分だからです。

私たちができるのは、相手の方と喜びを分かち合うことか、あるいは、何もないかのどちらかです。その、何もないというのは、見ていないからそうなります。

お客さまが目の前にいらしたということは、喜びを分かち合いたくて、いらしています。

「ああ、いらっしゃいましたね。一緒に喜びと豊かさを分かち合いましょう」。お客さまが神さまなのではないし、サービスをしているこちら側が偉いのでもありません。「いらっしゃいましたね。では、やりましょう」この関係です。

もう大丈夫です。クレームはつきません。ほんとうです。ありがとうございます。

サンシップというアイデンティティ

今日は、「サンシップ（sonship）」という言葉を、皆さん心にもってお帰りになっていただきたいなと思います。

聞きなれない言葉ですよね。

でも、リーダーシップ、スポーツマンシップ、パートナーシップ、フレンドリーシップ、リレーションシップの「シップ」ですね。スポーツマンシップにのっとって、というのと同じ「サンシップ」です。

「サンシップ」の「サン」は「息子」です。これは「娘」でもよくて、「ドーターシップ（daughter-ship）」でもかまいません。

「サン」というのは、この宇宙の子ども、あるいは宇宙にひとつしかないエネルギー、神の子どものことです。宇宙の子ども、宇宙の一部、完璧な存在としての一部、これが「サン」です。

つまり、「自分はほんとうに完璧な宇宙の中の一部であって、そのアイデンティティを受け入れます、私がそのアイデンティティを受け入れるということは、あなたもまたそうなのだということを受け入れます」と、そのように手をつなぎ合うことですね。ワンネスそのものであるし、私たちはひとつのユニットであるということを受け入れることでもあります。

ユニットというならば、私たちの身体もユニットです。

ホリスティックに身体を見るとはどういうことかというと、たとえば、心臓の具合が悪いというのは、心臓だけが悪いのではありません。私たちはそこしか見ませんけれども、身体中がその心臓を助けて働いています。人間の内分泌器官というのは、そのように、どこかの機能がほんの少し衰えれば、全分泌器官が総動員されます。まるでオーケストラのようですね。笛の部分がちょっと静かになると、トランペットが大きくなるのと同じで、身体はひとつのユニット、サンシップで動いています。

それと同じで、私たちもみんなサンシップです。それを受け入れることができると、私たちがそれぞれの中に違いを見たり、お互いに傷つけ合うことが可能だと思ったり、あるいはバチが当たると思ったり、思いがけないひどいことが起こると思ったり、そんなふうにしてビクビクして生きる必要がなくなるわけです。

シップは「状態」を表しますから、サンシップは「神の子である状態」「神の子であるという事実」を受け入れるということになります。

自分の完璧さを受け入れることで、すべての完璧さを受け入れる、あらゆる人々の完璧さを見る。

このサンシップが、先ほどからお話ししている「ヒーロー」あるいは「チャンピオン」の「状態」のことです。

何かをやろうとしたり、何かを呼びかけたり、何かを提案したり、愛を表現したりすることに、自信がない、まだ自分には準備ができていない、人にどう思われるか不安だなどと、そんなことを言っている時間はもうないと思います。そんなことに時間を費やす必要がもうなくなっていると言ってもいいかもしれません。

質問者2　最近、ニュースなどで、子どもの虐待などが取り上げられたりしています。人間というのは、そういうふうに産まれた直後から、自分を攻撃したりすることがあるのでしょうか。先ほどのお話の、誰かにばかにされるとしたら、自分の中に自分をばかにしている気持ちがあるからというのを聞いて、そんなふうに思いました。

ありがとうございます。大事ないいご質問をしていただきました。

これは間違いやすいところですけれども、誰かにばかにされた時に、「何故私は、自分で自分をばかにしているのだろう？」と思ったらいいですね、というお話をしました。

誰かが誰かをばかにしたり、誰かが誰かをいじめている時に、「私は何故こんないじめを、こんな虐待を見ているのだろう？」と思うのがいいです。全部、自分です。

私たちの心が、虐待というものがあると思っている。私たちの心が怒りや、嘆きや、いろいろな不平不満やうっぷんを人に向けて、その人を傷つけ、ひどい目にあわせるということがあり得ると思っているから、それを見ます。

「私はこんなものを見る必要はないし、見たくない」というふうに、まず、私たち一人ひとりが思うことです。


どんな子どもたちも、私たちにそのことを教えてくれるために生まれてきています。私たちの心を見せるために生まれてきています。

だから、私たちの心が光を見れば、子どもたちは光を見せてくれます。私たちの心が闇の部分を見れば、子どもたちはそれを見せてくれます。大人もそうです。

「どうしてこの人、こんなにひどいの」「どうしてこの人、こんな性格なの」という時、「この人」は、「こんなひどい性格」になることをいとわず、私たちに、私たちの心を見せてくれるために、ひどい性格を演じてくれているのです。

だから、どんなものを見ても、「どうしてこんな悪いことが起きるの？」ではなくて、私がこれを見たいのか見たくないのか、自分の心に聞くという習慣をつけると、自分の心が神・宇宙・愛に向かって「もう見たくない」と願うとそれがなくなるということが、ほんとうにあるのだなという経験をします。これが「奇跡」ですし、「癒し」です。

これは誰か特別な人がやることではなくて、皆がやることで、皆ができることです。

質問者2　はい。ありがとうございます。

ありがとうございました。

心の力の使い方は自分次第

質問者3　今日はお会いできてうれしいです。私も人のそういうものを見たくないと思えば、私でも、その人を変えることはできますか？

その人を変えるのではなくて、自分を変えた時に、その人というその個性がなくなります。

つまり、たとえばここにアルコール依存症でどうしようもない人がいるとします。アルコール依存症でどうしようもないというそれが消えると、相手の人が変わったように見えます。でも、変わったのは自分です。

質問者3　自分の現実が、変わるのでしょうか。

もちろん、変わります。もうその人に、アルコール依存症で苦しんでもらう必要がなくなるわけですから。

質問者3　具体的に、私がどう変われば、変わるのですか？

ご自分が、現実で具体的に見たくないと思っているものを、「これを私はほんとうに見たいのだろうか」とご自分に問いかけてください。

質問者3　わかりました。ありがとうございます。

ちょうどいい時に、ちょうどいいご質問をしてくださいました。

「見る必要がない」というのはどういうことかと言いますと、思いがけないことが降りかかってくる時、それが災害であっても病であっても、その他のさまざまなことであっても、思いがけずにやってくるひどいものとは、この世の中、この宇宙にあるかといえば、そんなものはないんです。

これを受け入れるのは、ちょっと時間がかかるかもしれませんけれども、津波は、向こうから勝手にやってきたわけではありません。

神の力が津波を作って、このように押し寄せてきたのではありません。地震は、自然現象だから仕方がなくて、こうして思いがけない時に、思いがけないかたちでやってきて、人に不幸をもたらすということではありません。

私たちは大きな災難にあった時に、こういうふうに思わなくてはなりません。

「私たちの歪んだ間違った心というのは、こんなことまで引き起こすのか」

私たちの心がよくないという話をしているのではありません。私たちの心が、暗いもの、間違ったもの、自分は完璧ではない、私たちは傷つけ合っている、この世の中は、虐待やら犯罪やら殺人やら詐欺やらが横行していて、人間というのはほんとうに信用できない、人間の心というのは悪でできている、というふうに思って見る時に、私たちはこんな大きな出来事も引き起こすのです。

癌細胞もそうです。癌細胞は存在しないし、それを言うならば、健康な細胞だって存在しません。存在するのは心だけです。でも、癌細胞ができるということは、人間の心は、こんな突拍子のない細胞を作りだすほど力があるのだということです。

私たちの心というのは、よきことも悪しきことも、どんなものであれ、作り出す力をもっています。だから病があったり、災害があったりしたら、「心はすごいなあ。でも、こんなことにもう心を使いたくないな。こんなにすごい大きな力をもっているならば、違うことに使いたいな」そういうふうに思うといいですね。

嫌なことが降りかかってきたと思うのではなくて、見ることすべてが自分の心が見ていること、自分の心が作っていること、と見る。自分の間違ったエゴの弱々しい思いが見ていることを見続けたいのか、それとも、自分のほんとうの静かな美しい心の湖で人生を創造していきたいのか、そのどちらかです。どちらかに心を定めるのです。

そうすると、どんなに大きな災害があっても、「ああ、よかった。私はここで初めてほんとうに耳を傾けられる。ほんとうに私はありがたい経験をさせていただいている」となります。つまりここで初めて災害に対して、感謝の気持ちが生まれるわけです。

病に対しても同じです。「癌細胞、ありがとう。あなたのおかげで、私はこんなふうに心をもち直したし、いのちの輝きにこんなにも敏感になれた」と心から言えれば、それは消えますね。

私たちは、災害やら癌細胞やらいろいろなものを見る時、明らかに宇宙の大きな力を間違った関係に使っています。

心は、自分の心としか手をつなぎ合わせられません。自分の身体と手をつなぎ合ったり、誰か特定の人と手をつなぎ合ったりすることはできません。自分の心としか手をつなぎあえないのです。自分の心としか和解しあえない、自分の心としか仲良くできないのです。


自分との関係を、エゴとの関係にしてしまうと、他の人から切り離されて、宇宙から引き離されて、独立独歩の自分になります。独立独歩の自分は、宇宙とは違う自分なので、葛藤と衝突と、未熟さと、失敗と、そういうものでできている協調関係、関係性ということになります。

私たちがほんとうに怖がっているのは、自分以外の何者でもありません。自分自身を怖がって生きるのか、自分自身と仲良くして生きるのか、どちらかになります。

自分自身と仲良くして生きると、それだけで他の人が救われます。自分はもう大丈夫だけれども、あの人がちょっとだめだから、行って手伝ってあげようなんて、そんなことをする必要はまったくありません。

自分が自分と和解して、自分の中で自分と矛盾したところ、目をそむけたいところ、自分で自分を叱りつけているところ、恥ずかしくて閉じ込めているところ、思い出したくなくて忘れたふりをしているところ、間違っていたところもばかばかしいところも全部、ビクビクしないで受け入れる時、他の人も同時に救われます。

もう一回繰り返しますけれども、私には無理だ、私にはまだまだ無理だ、自信がない、などとはおっしゃらないでくださいね。

今、お話ししていることは、もうそのままですから、できるかできないかではなくて、やるかやらないか、そうしたいと思うか思わないかだけです。

「ゆるし」とはセルフイメージを変えること

私が長年、こうして自分で学び、皆さんとシェアさせていただいているコースの教えは、「ゆるし」の教えです。
「ゆるす」とはどういうことかというと、ひと言でいえば、「自分に対するイメージを変える」ということです。
「自分というのはまだまだだめな存在だ」「自分というのはけっこう意地悪なやつだ」「自分というのは大変な過去をもっている」「自分というのは恵まれていない」「自分というのはけっこうセコイところがある」「自分というのはけっこうぐずで、愚かで、役に立たないやつだ」といったセルフイメージを、完璧に全部くつがえすことを「ゆるし」と言います。

自分で自分のことを貶めていた、自分で自分のことを間違ってとらえていた、それを認めることが「ゆるし」です。

「自分というのはまだまだだめな存在で、足りないところを補っていかなくてはいけない」と思うと、お金は貯まりません。論理に飛躍があるように聞こえるかもしれませんけれども、お金は貯まりません。お金など貯めなくていいのですけどもね。

〈会場　笑い〉

何故かというと、足りない、足りない、足りない、まだまだ自分はだめだ、だめなところを埋めていかなくてはならない、という思いでいると、お金に対する思いは、常に追いかけて、取ってくるものになります。

追いかけて取ってきたものは、使ったらまた出ていってしまいます。「自分はもうお金があって心配がないのだ」という境地には一向に行けません。

もし、自己イメージを変えて、「自分にはすでに全部ある」「すべて心なのだ、心しかないのだ、心の力だけなのだ」とわかると、お金は追いかけるものではなくて、心の力が増えた時に、同時に増えて――増えるというのは目の前にざくざく貯まっていくことではないですよ――それだけシェアすることが多くなり、サンシップの表現がもっと増えていき、表現する時々に必要なお金が全部、与えられるということです。

お金は、心の力についてくるし、サンシップのために、神さまがあるいはホーリースピリットがもってきてくれるものだとわかれば、悠々自適とはこのことだと心配がなくなるわけです。お金を貯めて、何かを買って、そこで自分で安心を作るなどと考えなくていいんです。

今日、印刷所から刷りたてほやほやでこちらに届いた『ガイドブック8』は、お金の話です。よくお読みになって、「お金に関して心配はなしにしよう」と思ってください。

それはイコール、身体の心配をなしにするのと同じことです。それから、人間関係、対人関係の心配もなしにしようと決めることでもあります。

お金や身体、病、人間関係といった問題の先には、死というものがあります。お金の問題はセルフイメージの問題だとわかれば、死に対する恐怖や、死に対する備えといった態度もまったく変わってきます。

怖がらなければ、それを経験する必要がありません。怖がるから、それを経験します。真の意味で豊かで、安心できるということ、それを湖でできるのだということを、ぜひ経験なさってください。

この宇宙は心でできている、心しかない。その、「心しかない」という時、心には二種類あります。

ひとつは真の心。自分のほんとうのアイデンティティである心です。それは愛だし、豊かさだし、限界がないし、安定しているし、調和がとれているし、喜びにあふれているし、思いやりにもあふれています。

もうひとつの心は、私たちが自分という存在を間違えた時に見えるさまざまなもの、怒りや、心配や、恐れ、後悔、恨み、不平不満のことです。

自分の人生で経験するのはそのどちらかでしかありません。それ以外のものではないことをはっきり頭に入れておいてください。今、経験しているのは、ほんとうの自分か、それとも間違ったセルフイメージで作りあげている出来事か、そのどちらかだということですね。

ここでグッドニュース、ほんとうにいいニュースです。

私たちの心は今すぐにでも思い出せるということです。この湖が思い出させてくれますし、湖を思い出すと、身体の細胞は全部、思い出します。

私たちが真の心を思い出して安心を取り戻すと、身体の細胞も、同じものを思い出します。心の安定を反映するのです。

身体の細胞というものは存在しないと先ほど言いました。癌細胞は存在しないし、健康な細胞も存在しません。

これを別の言い方でいうと、癌細胞も健康な細胞も、すべて、実は神です。実は神なのに、癌だったり、健康だったり、いろいろと名づけて、勝手に自分で作りあげている。これが間違った自分の心です。この間違った自分の心を手放せば、そこにあるもの、ここにあるもの、すべてはただのシンプルな神そのものです。

だから、自分の身体を、あるいはお金を、自分にとって特別な何かにするのをやめればいいんです。これはとりわけ自分にとって大事なものだ、これはとりわけ嫌いなものだ、皆はすばらしい神の子かもしれないけれども、私だけは違う、と、そのように例外を作らないことです。

あるがままを受け入れる

例外を作るのをやめてサンシップに明け渡すと、あらゆる葛藤が消えて、調和がまわりを取り囲むのがわかるはずです。ああ、これは私自身がかつて作ったものかもしれない、これは全部私のものだったわ、ということもわかります。

自分にとって目新しいものはありません。私たちは完璧で、すべてのものを持っているのですから、新しくめぐりきた素晴らしいものというのは、必ずなつかしいものです。恋に落ちる時、どう思いますか？　こんなめずらしい生きものがいたのか、とは思わないですね。なんだか会ったことがあるような気がする、と思うわけでしょう？素敵なものに出会う時、私たちはなつかしいと思います。何故かというと、たしかになつかしいものだからです。だから、なつかしいと言えるものをいっぱい見つけることですね。とにかくサンシップに明け渡すこと、それがひとつです。

自分の心の力を使う代わりに、自分の身体に何かをさせる――自分の身体に愛を伝えさせようとしたり、親切なことをさせようとしたり――そのように身体を酷使すると、病気になります。

自分と自分の身体に、ご主人さまと奴隷のような関係を作ると、その身体のために他の身体が存在するという構図になります。敬意を払ったり、思いやりをもつ代わりに、他の人をエゴのために使うようになります。

たとえば、お客さまに対して、喜びを分かち合うスタンスでいれば、その出会いは常に喜びで、失敗はあり得ません。でも、お客さまに「ありがとう」と言ってもらって、お金を払ってもらって、帰っていただかなくてはならない、と、お客さまを利用する態度で接すると、ビジネスはうまくいきません。けっしてうまくいきません。

サンシップに入っていくとすべてはうまくいくし、一歩出れば、すべては葛藤と衝突と、喪失と、不調和というものの総体になるわけですね。

湖に映し出して、答えを聞く。今日、ご一緒にハートに見つけた湖に映し出して、相手の方を迎え入れる。それをする時に、「これはどういうことでしょうか」と問いかける癖が私たちにはあります。頭で納得して、「ではどうすればいいか」というところに必ずいきます。「では、どうすればいいか」の答えは、どうする必要もないということです。常に、「あなたは何者であるか」が答えですから、どんな答えが来ても、どんなことを感じても、それをあるがままに受け入れる練習をしないといけません。

たとえば、何か問題があって、ああ、どうしよう、と思った時に、湖の心と共に答えを聞きます。「これはどういうことでしょうか。教えてください」というと、「あなたは愛されていますよ。守られていますよ」そうすると、「私は愛されていて、守られていて、この問題があるということは、いったいどういうことだろう。どう考えればいいのだろう」。すぐにそうやって捻っていってしまいます。「私はこういう問題を見ているけれども、大丈夫なのだ」ということを、そのままストンと受け入れればいいんです。それだけです。

小石を投げ入れるように、その答えを湖にぽちゃんと落としてあげるといいですね。受け入れるということです。受け入れるとはどういうことだろうと問いかける代わりに、受け入れたから大丈夫なのだという確信をもつと、ほんとうにその答えが確信として自分の人生に現れます。

ホーリースピリットとコミュニケーションしたり、神の道で生きるということを考えてみたり、エゴではなくてスピリットに心を合わせて自分をゆるす、ということをやりながら、まだご自分の人生に見えるものが揺らいでいたり――白いきれいなものが見えてみたり黒々としたものが見えてみたり――した時には、確信していないな、その証拠だな、と思うといいですね。

そして、これからも揺れ動きたいのか、確信をもちたいのか、それを自分に聞いて、確信をもちたいなと思ったら、ストンと落とせばいいですね。そういうふうにやっていくことです。問いかけるのではなくて、受け入れること、確信をもつことです。

才能は花開かせるものではない

それからセルフイメージ、自分についての間違った考え方の中で大事なことをひとつ加えておきます。能力という言葉がありますが、能力というものは、存在しません。

能力というと、まず、「やればできる潜在的な力」というふうに思います。「この子にはどんな能力があるのかしら」というのは、この子には、まだ現れてはいないけれども、磨けば何か出てくる力があるのかしら、という意味ですね。

たとえば、お母さんがお子さんに「この子はバイオリンの能力があるのかしら。音楽の能力、才能はあるのかしら」と思う時、このお母さんの中にはある非常に大きな緊張と責任感があふれています。もし、自分の息子なり娘に素晴らしいバイオリンの才能があったとすると、その才能を生かすも殺すも自分しだいだと思うからです。がんばれば、自分がもっている能力は花開くかもしれないけれども、怠けたら、使えないわけです。これはプレッシャーです。

だから、たとえば私がセッションでリーディングをさせていただいて、「あなたはこういう方ね」と申し上げると、「いいえ！」とすごく抵抗をなさる方がずいぶんいらっしゃいます。ご自分がもっている力を認めたくないのですね。認めると、がんばってそれを花開かせなくてはならない、ということにつながってしまうわけです。「もしかすると失敗するかもしれない」と思います。

でも、私たちがもっている力というのは、そういうものではありません。伸ばしていくものでもなければ、怠けていたらだめになってしまうものでもないんです。私たちのもっている力は、すべてはもう花開いて、完璧にそろっているものです。だから、がんばって花開かせていかなくてもいいということです。

神さまがあなたを創りましたよ、という時に、だいたい思い浮かべるイメージは、神さまが地上にスーツケースを持ってやって来て、その中の道具を使って作った、というものです。

でも、神さまは道具で私たち一人ひとりをお創りになったわけではありません。「こいつは道具がひとつ足りないけれど、これでいいか」「足りない道具は、これを二つに分けて、ちょっと小さいけれどいいか」と創ったわけではないのです。

神さまは私たちを、神ご自身を増やすことによって創っています。神ご自身をそのまま延長することによって、私たちを創っています。そのまま、等身大です。

だから、この人と違って、どんなふうに自分を創ってくれたのだろう、どんな思いで創ってくれたのだろう、どんな力を与えてくれたのだろう、と考えるのはナンセンスです。

すべての力がそれぞれにあります。その力のどこをどう使っていくか、どこをどのようにサンシップに使っていくか、これは各自に与えられたそれぞれの色彩であり、それぞれのかけがえのない経験です。

サンシップはひとつのユニットなので、全員が同じようにきれいなペーパーフラワーを作っても仕方がありません。

素敵なペーパーフラワーを作る人がいれば、美味しいパンを作る人もいるわけです。お魚を切る人がいれば、お魚を釣る人がいるわけです。洋服を作る人もいれば、ストーブを作る人もいるわけです。そういうふうにどこにでも参加できるけれども、やっていることはサンシップです、と、そのようにお考えになってみてください。

自分の力をどうやって生かすか、花開かせるか、磨いていくのか、そういうものではなくて、サンシップの中で使っていれば、どんどん磨かれていきます。磨くというのは毎日同じことを繰り返すことです。使うことイコール磨くということです。

私たちのすべての細胞は、神そのものとして完璧な波動を放射しています。いじくるのをやめて、そのまま放射させていればいいですね。ご自分の完璧な心の力を反映して、完璧な細胞の力が放射されてしまうと、まったく今の人生、変わります。すごいですよ。それを「まだできません」という時、私たちは、まだできないのではなく、怖いんです。わっと光ってしまうのが、怖いのですね。

でも光らなかったら、どんどん黒々として、どんどん弱くなって、これも怖いんです。どちらにしろ怖いのですから、光ってしまったらどうしよう、という怖さは、逃げる必要もないので、それを経験してもいいのではないかと思いませんか？

宇宙の調和の中で調和を見ていないのは、自分の間違った心、間違ったセルフイメージ、その一点だけです。自分だけはまだまだだめだ。自分は違う。自分は弱い。自分は怠け者だ。自分はできが悪い。自分の中には、拭いがたい罪悪感がある。その一点だけが人生を曇らせ、さまざまな大きな問題と見えるものを作り出しています。その一点さえ変えれば、たくさんのものは鎮まります。

社会を見わたしてみましょう。今、鎮まっていないわけです。全然、鎮まっていません。それはやはり、私たちの心がまだまだ揺れている、忘れてしまっている、そして何かが起こると、それに輪をかけて、恐れおののいてしまう、それがあるから、日々こんなにいろいろなことが起こっています。

今だからこそ、ここで立ち止まるのがいいのではないか、今こそほんとうに、ここで静けさというものを世界中に見る時ではないか、と考えることができます。

私たちの人生のすべての経験はデジャブ（既視感）です。すべての経験は、すでに心の中に起こったことを経験しています。普段私たちは、デジャブだと気づかずに、まるで新しい経験をしているかのようですけれども、このようにいったん心に起こっていることを頭の隅に入れておくと、「あ、これはあの時のあれだった」と思えるようになります。

今のは「スピリチュアル・リーディング」の基礎ですけれども、こういう練習を積んでおくと、どんな経験をしていても、全部、「これは私がすでに経験していることだ」とわかるようになります。

つまり、私たちは、今、自分ががんばるか、がんばらないかで、経験を決めることはないということです。私たちは、すべて、すでに経験しています。それをもう一回、そうよね、と確かめることが人生です。

だから、「こんな嫌な経験をしないために、がんばらなくちゃ。気をつけなくちゃ」と思う代わりに、自分の中にすでにあることをもっと経験していこう、と思いながら臨むといいですね。

お話ししたこと、受け取っていただけましたでしょうか。全部ではなくても、ひとつでも二つでも、心に留めておかれて、それを実践なさってください。

実践したことがたしかにそうだった、という経験をなさってください。それは何か難しいことをすることではありません。「ほんとうの自分を受け入れたい」とただ思うことで、できることです。

今日、私は、皆さんの生気にあふれたお顔を拝見して、私たち全員が、恵みの中にいて、愛の力を忘れずにいること、私たちは回復できるし、その途上で、お互いに手を取り合って喜び合える経験が数えきれないほど訪れるだろうという確信をもちました。感無量です。災害や事件が残していく暗い風景が脳裏から消えるまでには時間がかかるかもしれません。災害や重い病気に感謝できる、なんていうことができるとはとても思えない状態が長く続くかもしれません。でも、サンシップという目的地を見据えていれば、大丈夫ですね。ひとりで抱えずに、手を取り合いましょう。与えていきましょう。サンシップを祝福していきましょう。

お元気でお過ごしください。どんどん分かち合いをして、輪を広げていって、きれいな湖を創っていってください。

どうもありがとうございました。

あとがきにかえて　――小さな愛の行方――

愛を知らない人はいないでしょう。

誰もが、愛に出会い、愛するのではないでしょうか。

皮肉なことに、愛しているのに、それが普通なので、非常事態が発生するまでそれほど自分が愛しているのに気づかないことも多々あるように思います。

恋愛中はその逆で、愛の対象は明確、そして時間の感覚がまるで変わってしまうほどの威力をもっているものです。

それまで時間とは、だらだらと続く一本の線上を進んでいくもののように感じていたのが、線ではなく、点になります。つまり、時間とは、相手と会っているかいないか、二つにひとつのものとなり、会っているその点だけが大事になるというわけです。あとの時間は霞んで見えなくなってしまいます。

いずれにしても、それらの愛は、全部ひっくるめて、〝私の〞愛、すなわち、小さな愛です。


私の大事な家族。

私の好きな人。

私になくてはならない人。

私の愛猫。

私がこよなく愛する特別な食器。


どれも、主役は〝私〞です。

〝私〞など実は存在しておらず、つまりその愛もエゴのドラマに過ぎないと言われても、その〝私〞たちは、何かを愛さずにはいられず、常に愛しています。

愛してしまっているのに、「幻想に過ぎないのだから」と、その愛をなかったことにするわけにはいきません。

注意深く見てみれば、私たちは、いつも愛しています。心が乾いて、枯れて、愛がない、と感じることがあるとしても、それでも、愛しています。

生命は、愛でできているので、仕方のないことなのです。
愛には逆らえないのです。

ただ、私たちは、愛する時、心に愛の発露があると考えず、その人がいるから、それを見つけてしまったから、それがないと生きていけないから等々、愛を抱き締める代わりに、その対象が、自分の生命を生かしてくれている、その対象がなければ愛せない、と思い込みがちです。
愛を、相手のせいにする。
あるいは、愛の代用として、相手を崇拝し始める。

せっかくの生命の讃歌を、依存にしてしまう、すなわち、恐怖と憎悪にすり替えてしまうのはあまりにも残念ですが、〝私〟の愛は、そのように振り回されることが多いし、〝私〟は自己犠牲が大好きなので、愛は、平安や喜びとしてではなく、耐え難きを堪える経験として捉えられる結果になります。

〝私〟の愛。小さな愛。それは、どうしても、依存にならざるを得ないのでしょうか。

「いいえ、そうはしたくない！」という叫び声が心の内にある限り、小さな愛は生き残るでしょう。

そしてそこに、たとえばコースの学びがあれば。

〝私〟の愛が、神の愛、大きな、ただひとつの愛の色に染まる道を知っているならば。心配事を増やす愛ではなく、聖なる瞬間を分かち合い、真に生命の意味を共に受け取る愛を目指す、愛の育み方を理解していれば。

〝私〟の小さな心に生まれるものは、どれも、神の愛を思い出す道へと誘うドアであること、そして神の愛を思い出すとは、自己を思い出すことだと忘れずにいるなら、人生ドラマの行方は違うものになるはずです。

「まえがき」で、「自己との和解」と書きましたが、和解した心は、他の心とも和解します。二人のその心は、この世界とも和解するでしょう。

変容はそのように起きるもの、そしてそれは必ず起こる、と、コースの学習者は経験上、確信をもっています。

本書の読者が、それぞれの愛を、喜びと平安と共に育み、祝福し合えますよう。心から。


本書は、各セミナー、クラスをオーガナイズしてくれた皆さん、参加してくださった大勢の皆さんによって生まれたものです。

特に、ご質問やシェアによって、本書に参加してくださっているフレンズの皆さん、ほんとうにありがとう。第一部のオンラインコースで質問やコメントのたびに、zoomのチャット画面には「質問がうれしかった。自分の状況に落とし込めました」と大勢が受け取ってくださいました。

第二部の二〇一一年の三回のセミナーについては、フリー編集者の佐藤惠美子さんが、まとめてくださったものが土台になっています。

どうもありがとうございました。

そして本書を提案し一緒に作業してくださったナチュラルスピリット社の中道真記子さん、あなたはいつも希望を運んでくれます。世界が輝くという希望を。それがどれほど、愛の推進力になっているか……心からの感謝を。

最後になりましたが、ナチュラルスピリット社の今井社長、今回もどうもありがとうございました。貴社の長年のサポートのお陰で、日本のコースの学びが広がっています。

香咲弥須子

二〇二三年夏　ニューヨークにて

香咲弥須子　Yasuko Kasaki

1988年よりニューヨーク在住。
1995年『奇跡のコース』を学び始める。2004年ヒーリング・コミュニティセンターCRS（Center for Remembering & Sharing）をマンハッタンに設立。国際ペンクラブ会員。国際美容連盟IBF理事。『奇跡のコース』『愛のコース』の教師、作家、翻訳家。CRSを中心に、セミナー、講演会等を世界各国で行っている。

香咲弥須子公式HP　www.yasukokasaki.com
ヒーリング・コミュニティセンターCRS　www.crsny.org
note「どうでもよくない、どうでもいいこと」 https://note.com/yasukokasaki/
香咲弥須子公式LINE　https://lin.ee/vB7MpxZ（ID @yasukokasaki）

奇跡のコース　最初の5ステップ
基本となるポイントを実践して奇跡を生きる！

●

2023年11月1日　初版発行

著者／香咲弥須子

装丁／北口加奈子
編集／中道真記子、佐藤恵美子
本文デザイン・DTP／山中 央

発行者／今井博揮
発行所／株式会社ナチュラルスピリット
〒101-0051 東京都千代田区神田神保町3-2　高橋ビル2階
TEL 03-6450-5938　FAX 03-6450-5978
info@naturalspirit.co.jp
https://www.naturalspirit.co.jp/

印刷所／中央精版印刷株式会社

ISBN978-4-86451-455-2　C0011